HÜTTEN
MIT *Charakter*

KUNTH

Wie ein Vogelnest thront das Rifugio Nuvolau auf dem Gipfel und wird zusammen mit den schroffen Felsen von der Sonne in goldenes Licht getaucht.

INHALT

INHALT

Es gibt nicht viel, das mit dem Gefühl verglichen werden kann, das einen überkommt, wenn man nach einem überwundenen Aufstieg aus dem Fenster einer Hütte ins Tal hinabblickt.

Alpen Übersichtskarte		6
Vorwort		8
Hüttenregeln		10

🇫🇷 FRANKREICH 14
1	Refuge du Pelvoux	16
2	Auberge du Truc	22
3	Refuge de Tête Rousse	28
4	Refuge des Cosmiques	32
5	Refuge du Couvercle	36

🇨🇭 SCHWEIZ 44
6	Doldenhornhütte	46
7	Fründenhütte	50
8	Blüemlisalphütte	56
9	Mischabelhütte	62
10	Gaulihütte	68
11	Capanna Corno Gries	74
12	Sewenhütte	80
13	Terrihütte	86
14	Berggasthaus Schäfler	92

🇱🇮 LIECHTENSTEIN 98
| 15 | Pfälzerhütte | 100 |

🇩🇪 DEUTSCHLAND 104
16	Waltenbergerhaus	106
17	Reintalangerhütte	110
18	Weilheimer Hütte	116
19	Soiernhaus	122
20	Tegernseer Hütte	128
21	Reichenhaller Haus	134

🇦🇹 ÖSTERREICH 140
22	Saarbrücker Hütte	142
23	Kaltenberghütte	148
24	Brandenburger Haus	154
25	Rüsselsheimer Hütte	160
26	Ramolhaus	166
27	Coburger Hütte	170
28	Winnebachseehütte	174
29	Siegerlandhütte	180
30	Franz-Senn-Hütte	184
31	Nürnberger Hütte	188
32	Falkenhütte	192
33	Gamshütte	198
34	Berliner Hütte	204
35	Greizer Hütte	208
36	Anton-Karg-Haus	214
37	Stüdlhütte	218
38	Salmhütte	224

🇮🇹 ITALIEN 230
39	Rifugio Lobbia Alta	232
40	Düsseldorfer Hütte	238
41	Zufallhütte (Rifugio Nino Corsi)	246
42	Müllerhütte	252
43	Flaggerschartenhütte	258
44	Schlernhaus	266
45	Gartlhütte	272
46	Tierser Alpl Hütte	278
47	Brixner Hütte	282
48	Pisciadù Hütte	288
49	Rifugio Nuvolau	296
50	Büllelejochhütte	302

🇸🇮 SLOWENIEN 308
| 51 | Koca pri Triglavskih jezerih | 310 |
| 52 | Česka Koča | 316 |

Register	322
Bildnachweis	325
Impressum	325

ALPEN | ÜBERSICHTSKARTE

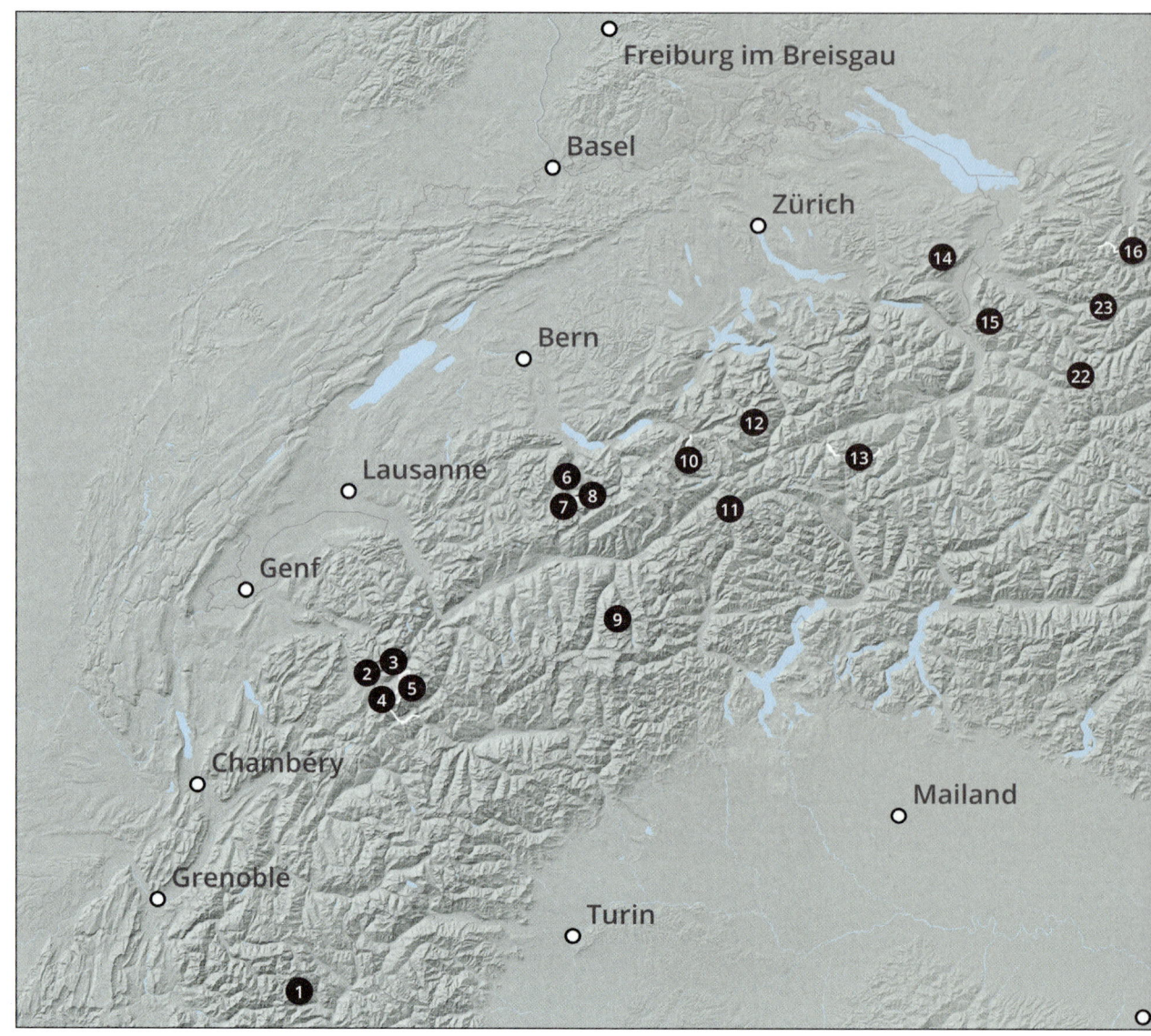

FRANKREICH
1. Refuge du Pelvoux
2. Auberge du Truc
3. Refuge de Tête Rousse
4. Refuge des Cosmiques
5. Refuge du Couvercle

SCHWEIZ
6. Doldenhornhütte
7. Fründenhütte
8. Blüemlisalphütte
9. Mischabelhütte
10. Gaulihütte
11. Capanna Corno Gries
12. Sewenhütte
13. Terrihütte

14. Berggasthaus Schäfler

LIECHTENSTEIN
15. Pfälzerhütte

DEUTSCHLAND
16. Waltenbergerhaus
17. Reintalangerhütte
18. Weilheimer Hütte

19. Soiernhaus
20. Tegernseer Hütte
21. Reichenhaller Haus

ÖSTERREICH
22. Saarbrücker Hütte
23. Kaltenberghütte
24. Brandenburger Haus
25. Rüsselsheimer Hütte

ÜBERSICHTSKARTE | ALPEN

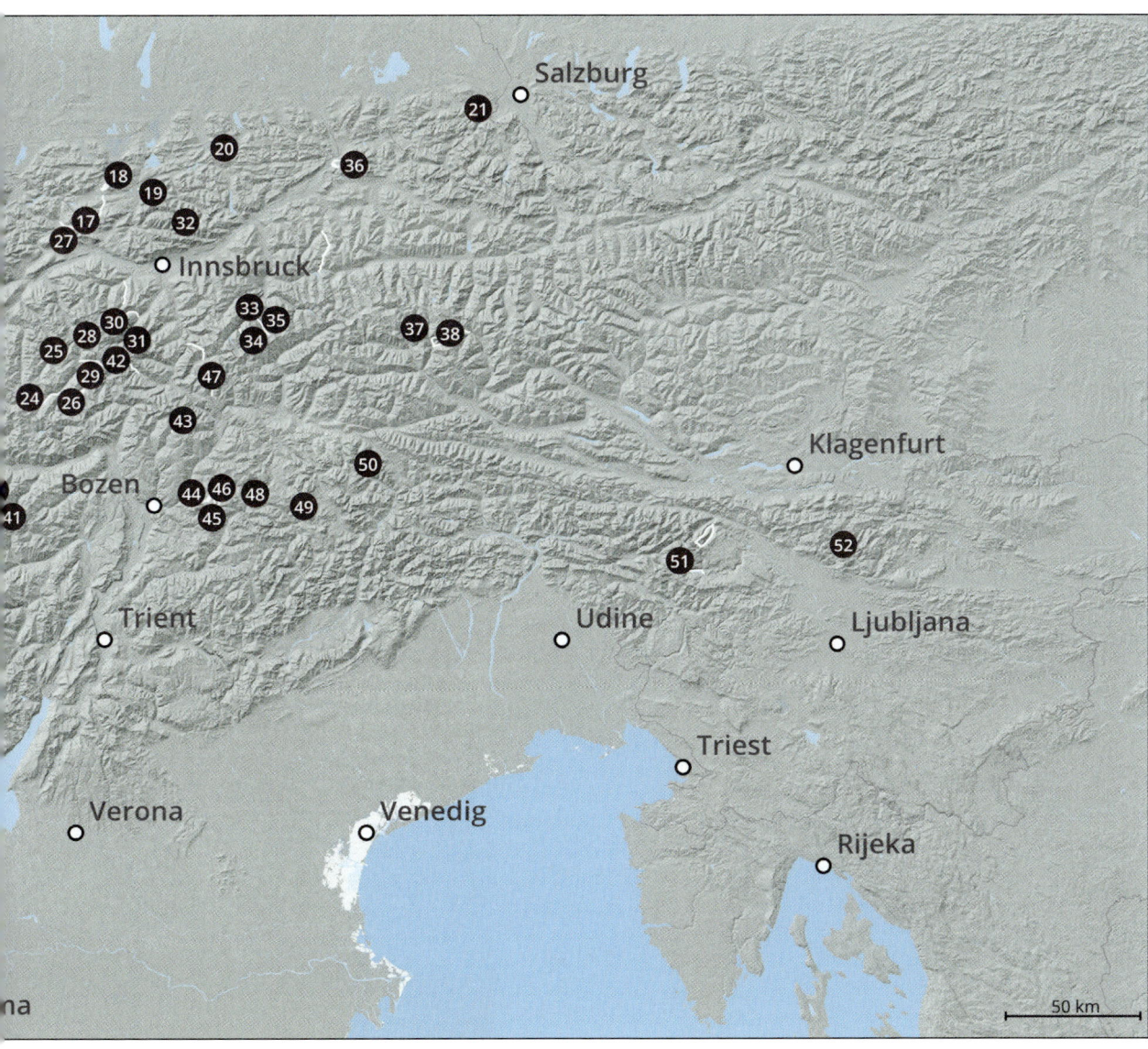

26 Ramolhaus
27 Coburger Hütte
28 Winnebachseehütte
29 Siegerlandhütte
30 Franz-Senn-Hütte
31 Nürnberger Hütte
32 Falkenhütte
33 Gamshütte
34 Berliner Hütte

35 Greizer Hütte
36 Anton-Karg-Haus
37 Stüdlhütte
38 Salmhütte

ITALIEN

39 Rifugio Lobbia Alta
40 Düsseldorfer Hütte
41 Zufallhütte

42 Müllerhütte
43 Flaggerschartenhütte
44 Schlernhaus
45 Gartlhütte
46 Tierser Alpl Hütte
47 Brixner Hütte
48 Pisciaduhütte
49 Rifugio Nuvolau
50 Büllelejochhütte

SLOWENIEN

51 Koca pri Triglavskih jezerih
52 Češka Koča

Alles, außer gewöhnlich

Kennt man eine, kennt man alle? Mitnichten, wenn es um Berghütten geht! Von klein bis geräumig, von windschief bis avantgardistisch, von leicht zu erreichen bis ambitionierten Sportlern vorbehalten.

Es gibt viele Gründe, warum keine der über 60 bewirtschafteten Schutzhütten im Gebirgsraum von Frankreich bis Slowenien der anderen gleicht. Allein schon der Standort verleiht jedem Bauwerk Einzigartigkeit: Das eine thront aus weiter Ferne sichtbar an einer exponierten Felszunge, andere verbergen sich inmitten ruhiger Tannenwäldchen. Auch ihre inneren Werte machen Berghütten zu Charaktertypen. Ob es an der besonders gemütlichen Stube, der herzlichen Gastfreundschaft des Wirtsteams oder köstlichen kulinarischen Genüssen liegt – stimmt die Chemie, erobern sie die Herzen ihrer Gäste im Sturm.

Passende Rahmenbedingungen sind dafür allerdings wichtigste Voraussetzung. Deshalb geben die Icons in diesem Buch einen Anhaltspunkt, für welchen Anspruch sich die Hütte jeweils eignet, zum Beispiel ob es ein kinderfreundliches Umfeld hat oder wie sehr die Hütte auf Nachhaltigkeit achtet.

Zahlen und Fakten zur jeweiligen Hütte finden sich kompakt verpackt im Kasten »Kurz erfasst«. Markus und Janina Meier holen mit Anekdoten aus ihrem Wandertagebuch die Berge unmittelbar ins Buch. Wen dabei selbst die Unternehmungslust packt, kann sich auch von den vorgeschlagenen Wanderrouten inspirieren lassen. Startpunkt ist in der Regel an oder nahe der Hütte, Höhenmeterangaben gelten nur für den Aufstieg.

Bereit fürs Abenteuer?
Dann ab in die Berge! ✺

DIE RICHTIGE FÜR DICH

- **Hütte mit Ausblick** Einfach nur ganz tief einatmen und staunen.
- **Abenteuer inklusive** Meist ist der Zustieg bereits anspruchsvoll.
- **Feinschmeckerhütte** Kulinarischer Genuss in vollen Zügen.
- **Kindertauglich** Hier kommt bestimmt keine Langeweile auf.
- **Nachhaltig** Besonders rücksichtsvoller Umgang mit natürlichen Ressourcen.

Rucksack gepackt, Wanderschuhe geschnürt, Hütte als Zielpunkt ausgesucht. Was fehlt noch? Richtig – ein guter Freund, der mitkommt, um das Abenteuer zu teilen.

HÜTTENREGELN

HÜTTENREGELN

Better together

Rauf auf den Berg, rein ins Vergnügen! Mit guter Vorbereitung und ein bisschen Rücksichtnahme wird jeder Hüttenurlaub zum entspannten Rundumerlebnis.

1. RESERVIEREN & STORNIEREN

Das erste To-Do, wenn es um eine Hüttenübernachtung geht, lässt sich vom Tal aus abhaken: Schlafplatz reservieren. Vor allem in der Hochsaison sind viele Hütten gut besucht und häufig schon für mehrere Tage im Voraus ausgebucht. Wer einen bestimmten Termin im Auge hat, meldet sich deshalb am besten frühzeitig. Meistens genügt ein Anruf oder eine E-Mail. Mittlerweile bieten einige DAV-Hütten ein Onlinereservierungen mit Ampelsystem, das anzeigt, ob zum gewünschten Zeitraum noch was frei ist. Ganz wichtig: Kommt was dazwischen und der Schlafplatz wird nicht mehr benötigt, undbedingt absagen. Müde Wanderfreunde werden dankbar sein.

2. BAR & FAIR BEZAHLEN

Nur Bares ist Wahres, auf dem Berg gilt das bis heute. Denn Onlinebezahlsysteme brauchen stabilen Empfang, und das gehört in abgelegenen Hochlagen nicht zum Standard. Wer ausreichend Bargeld mitbringt, erspart sich und dem Wirt leidiges Abrechnen im Nachhinein. Und noch etwas: Wer sich nach Möglichkeit finanziell großzügig zeigt, drückt damit vor allem seine Wertschätzung gegenüber dem Hüttenteam aus. Schließlich steckt einiges an Kraft und Aufwand in ihrer täglichen Arbeit auf dem Berg. Und ein Trinkgeld bemisst sich nicht nur in Relation zur Kaufkraft.

Schuhe können nach einem anstrengenden Aufstieg schon mal etwas riechen. Wie gut, dass man sie nicht ins Zimmer nehmen muss, sondern in den Schuhräumen lagert.

HÜTTENREGELN

3. ZEICHEN HINTERLASSEN
Nein, Initialen ins Holz zu ritzen, ist damit nicht gemeint. Sondern der Eintrag ins Hüttenbuch. Was viele als nette Geste verstehen, kann in Wirklichkeit Leben retten. Denn neben einem netten Gruß sollte man eintragen, welche Route man geplant hat und wann man aufgebrochen ist. Gerät man unterwegs in Not und braucht Hilfe, erleichtert man die Arbeit der Rettungskräfte mit diesen Angaben enorm.

4. GUTEN APPETIT
... denn was auf den Tisch kommt, ist so gut wie immer frisch, regional und lecker. Als Hüttengast sollte man unbedingt im Hinterkopf behalten, dass die Bewirtschaftung einer Hütte ein Kraftakt ist. Alles, was hier verwendet wird, muss sorgfältig ausgewählt, vorab bestellt und aufwendig heraufbefördert werden. Auf Sonderwünsche beim Essen, die medizinisch nicht notwendig sind, also bitte verzichten. Übrigens gibt es auf den meisten Hütten feste Essenszeiten, nach denen man sich erkundigen und die man einhalten sollte. Wer will schon hungrig ins Bett – und den Spaß beim gemeinsamen Essen verpassen?

5. HILFSBEREITSCHAFT? PLUSPUNKT
Gerade auf kleinen Hütten geht es oft sehr familiär zu: Man kennt sich, redet, isst zusammen. Warum dann nicht auch mal gemeinsam das Abendessen abräumen? Das Wirteteam bei kleinen Alltagsaufgaben zu unterstützen macht wenig Mühe und ist eine nette Anerkennung. Am Ende des Tages bleibt dann vielleicht auch mehr Zeit, um den Abend in geselliger Runde ausklingen zu lassen.

6. (K)EIN PLATZ AN DER SONNE
Das Handtuch als Platzhalter auf der Sonnenliege und den Rucksack zum Reservieren am größten Tisch? Bitte nicht Ballermann! Wer freundlich fragt, für den rücken alle gern enger zusammen. So findet sich Platz auch in der engsten Hütte.

7. KAMPF DEM LÄRM
Einer der Top-Gründe für einen Ausflug ins Gebirge: diese himmlische Ruhe! Gemeinsam bewahren wir sie und sagen dem Lärm den Kampf an. Mit ein bisschen empathischer Rücksichtnahme ist das gar nicht so schwer. Viele Bergsportler brechen mitten in der Nacht auf, gehen also auch früh zu Bett. Wer länger aufbleiben will, unterhält sich leise, verzichtet auf laute Musik und schleicht, möglichst ohne zu stören, zu seinem Schlafplatz (siehe Punkt 8). Bitte daran denken: Holzhütten sind extrem hellhörig. Vor allem denjenigen, die in Mehrbettzimmern oder Matratzenlagern schlafen, seien Ohrenstöpsel empfohlen: Gegen Schnarcher ist einfach kein edles Kraut gewachsen.

8. TASCHENLAMPE GEGEN RUMPELN-IM-DUNKLEN
Eine Stirn- oder kleine Taschenlampe ist ein absolutes Muss bei jeder Hüttenübernachtung! Nicht nur das persönliche Wohlbefinden steigt, wenn man kurzerhand selbst für Beleuchtung am Waschbecken sorgen kann. Auch die Mitbewohner im Matratzenlager wissen es zu schätzen, wenn man leise in seinen Schlafsack kriecht, anstatt sich rumpelnd und polternd zu seinem Platz durchzuschlagen.

9. STINKSTIEFELVERBOT IN SCHLAFRÄUMEN
Wer den ganzen Tag in Bergstiefeln unterwegs war, weiß, was ihn beim Ausziehen erwartet: nicht gerade der Duft von Rosen. In jeder Hütte gibt es einen extra Platz zum Auslüften von Wander- oder Skischuhen – und der befindet sich natürlich nicht im Schlafraum. Müffelndes Schuhwerk bleibt also vor der Schlafzimmertür und das gilt Gottseidank für alle.

10. WLAN? MACH MAL OFFLINE
So schön, die Natur, die Stille, die frische Luft – aber warum gibt es hier kein Netz?! Einfach entspannen und schon im Vorfeld den Trip in die Berge zum Digital-Detox-Ausflug erklären. Auch wenn manche Berghütten inzwischen WLAN-Empfang haben, gehört er nicht zur Selbstverständlichkeit und passt häufig auch nicht zur Philosophie der Hüttenwirte. So gehört ein bisschen Zeit offline ganz bewusst zum Berggenuss und alle Sinne haben Zeit, das Geschenk der Berge zu finden.

Man muss nicht immer und überall erreichbar sein – vor allem nicht, wenn die Landschaft zum Luftholen und Abschalten einlädt.

Warme Decken und Kissen liegen meist, wie hier in der Forno Hütte, für die Gäste bereit. Ein Hüttenschlafsack ist selbst mitzubringen.

HÜTTENREGELN

PACKLISTE
Empfehlung vom DAV

- Schlafsack oder Hüttenschlafsack, Laken, Kissenbezug (Stand: Juni 2020, bitte bei der Hütte erfragen)
- Stirn- bzw. kleine Taschenlampe (falls man in der Nacht aufstehen muss)
- Ohrstöpsel für eine ruhige Nacht
- DAV-Ausweis
- Hütten- bzw. Hausschuhe
- kleines Handtuch (idealerweise Mikrofaserhandtuch: klein, leicht und trocknet schnell)
- Waschbeutel mit Zahnbürste, Zahnpasta, kleiner Seife/Duschgel, Deo

🇫🇷 FRANKREICH

Der höchste Gipfel Europas liegt in Frankreich, und so ist es nicht weiter verwunderlich, dass das Land und besonders das Mont-Blanc-Massiv auf der To-do-Liste vieler Tourengeher steht. Dementsprechend gut ist die Region mit Hütten und Wegen erschlossen, sodass man mit ausreichender Kondition, viel Erfahrung und Kraft den Aufstieg des »Höchsten« gut bewältigen kann. Für alle Abenteurer, denen selbst eine schlichte Berghütte noch zu viel Komfort bedeutet, erhält von manchen Hütten auch die Erlaubnis, auf ihrem Gelände das Zelt aufzuschlagen.

Wer nicht allzu hoch hinaus möchte oder neugierig ist, was der französische Teil der Alpen noch zu bieten hat, kann beispielsweise dem Refuge du Pelvoux einen Besuch abstatten. Es liegt inmitten der faszinierenden Landschaft der Dauphinegruppe.

Die Gipfel des Mont-Blanc-Massivs überragen mitunter sogar die Wolken. Dann bringt die Sonne ihre Mützen aus Schnee und Eis zum funkeln.

🇨🇭 FRANKREICH | PROVENCE-ALPES-CÔTE D'AZUR

# Die Entfernte

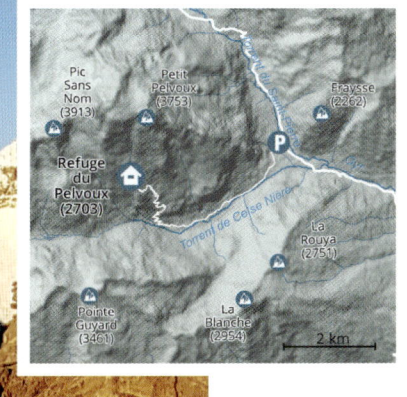

REFUGE DU PELVOUX Mitten in der Wilden Dauphinegruppe steht das Refuge du Pelvoux. Es ist ein langer Weg von Ailefroide zur Hütte. Aber es lohnt sich, die Landschaft ist großartig, und oberhalb der Hütte wartet der namensgebende Mont Pelvoux, der eine sagenhafte Überschreitung in diesem südwestlichen Teil der Alpen bietet.

Es ist ein schöner Morgen an einem strahlenden Sommertag. Wir sitzen gemütlich am Campingplatz in Ailefroide und warten auf unseren Bergführer. Wir befinden uns mitten in der Dauphine, einer wilden Gebirgsgruppe im Südwesten der Alpen. Es war schon lange unser Traum, diese Region zu besuchen.

Es ist ein langer Weg von dem lieblichen Ailefroide zum Refuge du Pelvoux. Nach der Passage durch einem schönen Lärchenwald wandern wir über freies Gelände. Die Mittagssonne scheint unerbittlich auf uns herab. Wir lassen uns viel Zeit und genießen die großartige Landschaft. Auf der Hütte sind wir froh um die Französischkenntnisse unseres Bergführers und um das Wasser, das hier oben verkauft wird.

Der einfache Steinbau steht seit 1962 unter den Gipfelfelsen des Mont Pelvoux. Aber mit dem Refuge du Provence von 1877 und seinem Neubau von 1892, dem Refuge Lemercier, besaß die Gegend auch vor dem Bau des Refuge du Pelvoux schon Berghütten. Das Refuge dient als Stützpunkt des Mont Pelvoux. Im deutschen Sprachraum ist das Massiv kaum jemandem ein Begriff. Die meisten fahren nur wegen des

Nicht nur farblich fügt sich das Refuge du Pelvoux perfekt in die Umgebung ein. Trotz ihrer Zweckmäßigkeit wirkt die Hütte vor allem nach dem Aufstieg sehr einladend.

FRANKREICH | PROVENCE-ALPES-CÔTE D'AZUR | REFUGE DU PELVOUX

einzigen Viertausenders in der Dauphine, der Barre des Écrins, bis hierher. Doch die Überschreitung seines südöstlichen Nachbarn ist ein nicht minder besonderes Erlebnis, das man sich durchaus einmal vornehmen kann.

Wer hier unterwegs ist, freut sich selbst über die simpelste Hütte. Bereits beim ersten Blick auf das Refuge wird auch klar, dass man Luxus hier vergeblich sucht. Der robuste Bau scheint mit den ihn umgebenden rauen Gipfeln mithalten zu wollen und wirkt wie der sprichwörtliche Fels in der Brandung – nur das Meer fehlt. Das Baumaterial wurde damals übrigens per Hubschrauber an diesen entlegenen Ort transportiert. Auch das Innere der Hütte ist zweckmäßig eingerichtet und verzichtet auf Unnötiges.

Dafür ist der Empfang mehr als herzlich, und nicht zuletzt das herzhafte Essen, das Mat und sein Küchenteam vorbereiten, sorgt für die nötige Stärkung nach der anstrengenden Wanderung. Auf den Tisch kommen Omlette, Pasta oder Suppe – die jeweiligen Zutaten können von Tag zu Tag variieren. Nicht fehlen darf natürlich französischer Wein.

KURZ ERFASST

TALORT Ailefroide

LAGE 2.704 Meter ü.M.

OFFEN Mitte Juni bis Mitte September

ÜBERNACHTEN 54 Betten in Mehrbettzimmern, Winterraum mit 10 Lagern

ESSEN einfache französische Küche

GUT ZU WISSEN Der lange Anstieg macht durstig, es sollte also genügend Wasser mitgenommen werden.

REFUGE DU PELVOUX | PROVENCE-ALPES-CÔTE D'AZUR | FRANKREICH

Die Spiegelung in einem klaren Bergsee verdoppelt das Alpenglühen des Mont Pelvoux.

Ein Moment des Jubelns ist jedem gegönnt, der sich die Gipfel des Massivs vornimmt.

Nach einer viel zu kurzen Nacht machen wir uns an den Gipfelaufstieg des Mont Pelvoux. Gleich nach der Hütte geht es erstmals zur Sache. Im Schein der Stirnlampen steigen wir über eine erste Felsstufe hinauf. Wenig später geht es in das berühmte Couloir Coolidge, wobei es sich um eine Eisrinne handelt, die sicheres Steigeisengehen voraussetzt. Dieser Anstieg ist heute nur noch im Frühsommer möglich. Das Couloir ist nach dem britischen Bergsteiger benannt, der die Jungfrau im Berner Oberland erstbestiegen hat. Oben am Mont Pelvoux erwartet uns eine großartige Aussicht, die uns verdeutlicht, dass auch Berge unter der magischen Viertausendermarke lohnende Ziele sind.

Die besondere Lage der Hütte bringt einige Schwierigkeiten mit sich. Die Wasserversorgung wird jährlich neu an die aktuellen Verhältnisse angepasst. Das Rohr muss dazu wieder neu installiert werden. Der Zugang erfolgt für die Arbeiter nur über einen Klettersteig. Daher ist auf der Hütte Wassersparen angesagt. Auch bei der Entsorgung des Abfalls werden Bergsteiger gebeten einen Teil mit ins Tal zu nehmen.

HÜTTENTOUREN

TOUR 1 KLETTERROUTE
Wer vom Talort Ailefroide aus eine Klettertour mit spektakulärer Aussicht unternehmen möchte, sollte sich den Sektor Travers du Pelvoux und die Super Oin-Oin vornehmen.
» 500 HM » 3,4 km » 7,5 h » schwer

TOUR 2 MONT PELVOUX
Die ideale Tour, um das Massiv zu erkunden, führt auf die beiden Spitzen des Mont Pelvoux. Kletterei erforderlich und auch aufgrund des Gerölls ein schwieriger Weg.
» 1.289 HM » 7,8 km » 3,5 h » schwer

TOUR 3 ÜBERQUERUNG M. PELVOUX
Die Überquerung führt vom Refuge über die Gletscher Clot de l'Homme, Sialouze und Pelvoux, dann vom Névé Pélissier nach Ailefrode.
» 1.279 HM » 10,2 km » 9,5 h » schwer

FRANKREICH | PROVENCE-ALPES-CÔTE D'AZUR | REFUGE DU PELVOUX

Klettern in Ailefroid

Ailefroide hat nicht nur einen netten Campingplatz, es bietet auch mehrere schöne Kletterrouten in Talnähe. Die Zustiege sind wirklich kurz, die Kletterrouten erreichen allerdings teilweise bis zu 15 Seillängen und verlaufen im besten Granit. Es gibt wohl keinen Platz in den Alpen mit so einem tollen Kletterangebot auf engstem Raum. Hier lohnt es sich, nicht nur eine Hochtour zu planen, sondern auch einen Kletterurlaub zu machen.

Nicht nur Muskelkraft ist beim Klettern gefragt, sondern auch höchste Konzentration. Gerade diese Mischung macht das Klettern zu einem intensiven Erlebnis.

REFUGE DU PELVOUX | PROVENCE-ALPES-CÔTE D'AZUR | FRANKREICH

FRANKREICH | AUVERGNE-RHÔNE-ALPES

Am Monarchen

AUBERGE DU TRUC Wenn Bernadette die Gesichter ihrer beeindruckten Gäste sah, schmunzelte sie nur und fragte oft schelmisch: »Eine hübsche Tapete haben wir da aufgespannt, nicht wahr?« Denn das Panorama, das sich von der Auberge du Truc aus bietet, ist fast zu herrlich, um wahr zu sein. Heute bewirten ihre beiden Kinder die Hütte – die grandiose Aussicht ist dabei natürlich dieselbe geblieben. Und auch das puristische Flair wissen Wanderer zu schätzen.

Natürlich ist es keine Tapete, die die Herberge umgibt, doch malerisch ist die 360°-Sicht durchaus. Sie reicht von den gletscherbedeckten Dômes de Miage bis zur Chaîne des Aravis. Zwar ist die Hütte auch gut vom Tal aus zu erreichen, doch die meisten Gäste haben vermutlich einen anderen Weg vor sich. Denn direkt an der Auberge du Truc läuft die bekannte Tour du Mont-Blanc vorbei. Und wer auf dem Weg zu diesem Monarchen der Alpen ist, weiß auch Simples zu schätzen: Ein authentisches Feeling in der Hütte, die Gemeinschaft in den Schlafräumen, das erfrischende Wasser direkt vom Berg und eine kräftigende Mahlzeit wie ein deftiges Omlette mit Wurst und Käse. Übrigens: Der Käse kommt direkt von hier! Beziehungsweise die Milch für den Käse. Denn die Familie, die sich um die Auberge du Truc kümmert, ist auch seit über 70 Jahren im Besitz einer Alm. Gleich neben der Hütte weiden die Tiere, und so kann man bei einem Aufenthalt dort auch

 Nicht nur die farbenfrohen Blumentöpfe lassen die Auberge du Truc einladend wirken, auch ihr sanfter Kontrast zu den imposanten, aber eben rauen, Gipfeln im Umfeld.

FRANKREICH | AUVERGNE-RHÔNE-ALPES | AUBERGE DU TRUC

KURZ ERFASST

TALORT Saint-Gervais-les-Bains

LAGE 1.750 Meter ü.M.

OFFEN Mitte Juni bis Mitte September

ÜBERNACHTEN 28 Schlafplätze

ESSEN Frühstück, Mittag- und Abendessen einfach und gut; hausgemachte Beerentörtchen; Milchprodukte aus eigener Aufzucht; Lunchpakete auf Wunsch

GUT ZU WISSEN Zwar gibt es fließendes, kaltes Wasser, allerdings keine Duschen – einen Waschlappen im Gepäck zu haben ist also empfehlenswert.

sehr viel über den Betrieb einer Hochweide erfahren und manchmal direkt mithelfen. Und wenn man dann ein Glas frische Milch trinkt oder eine Quarkspeise kostet, wird man den Unterschied schmecken, der die frischen Erzeugnisse von der Wiese nebenan ausmacht. Das Frühstück der Auberge du Truc ist schlicht und besteht aus Brot, Butter und Marmelade. Es gibt jedoch genügend Kraft für den Start in den Tag geben. Wer möchte, kann sich ein Lunchpaket bestellen, damit auf dem weiteren Weg Richtung Monarchen oder dem Rückweg ins Tal nicht die Energie ausgeht.

Apropos Energie: Manch einer fragt sich vielleicht, wie inmitten der herrlichen Berglandschaft die Versorgung einer Hütte mit Strom und Wasser funktionieren kann. Die Auberge du Truc hat sich für eine nachhaltige Lösung entschieden. So wird der Strom hier mit Photovoltaik erzeugt, und auch das Regenwasser wird genutzt. Zum Thema Wasser sollte erwähnt werden, dass die Quelle, die einst von der Hütte genutzt werden konnte, immer weiter austrocknete. Deshalb entschied man sich gegen Duschen. Kaltes fließendes Wasser und

AUBERGE DU TRUC | AUVERGNE-RHÔNE-ALPES | FRANKREICH

Waschbecken gibt es trotzdem, und eine Katzenwäsche funktioniert schließlich auch so. Übernachtungsgäste sollten einen Hüttenschlafsack mitbringen – notfalls gibt es in der Auberge jedoch auch Schlafsäcke zu kaufen.

Ein weiterer Pluspunkt der Auberge du Truc sind die Gastgeber Martine und Jean-Philippe. Die beiden sind bereits auf der Hütte aufgewachsen und kennen die Umgebung, die Tiere und das Leben auf der Alm wie kein anderer. Ihr Empfang ist herzlich und vermittelt wie die Hütte selbst den freien Berggeist.

Wenn hier die Sonne scheint, kann man seine Zeit nicht besser verbringen, als sich in die Wiese vor oder unterhalb der Hütte zu setzen und die Seele baumeln zu lassen. Alle Strapazen der Wanderungen oder des anstrengenden Alltags werden dann vom Wind mitgenommen, der sanft die Grashalme und Blümchen schaukelt. Falls das Wetter sich einmal nicht von seiner besten Seite zeigt, ist übrigens die Ofenbank im Inneren der Hütte ein wahres Lieblingsplätzchen der Wanderer. Nirgendwo in der Auberge du Truc ist es so kuschelig und gemütlich wie hier! ✺

HÜTTENTOUREN

TOUR 1 REFUGE DE LA BALME
Von Hütte zu Hütte wandern ist oft reizvoller als auf demselben Weg umkehren zu müssen. Eine aussichtsreiche Wanderung führt von der Auberge du Truc zur Refuge de la Balme durch das Naturreservat von Contamines-Montjoie und über den Tête Noire hinweg.
» 710 HM   » 14,1 km   » 6 h   » mittel

TOUR 2 TOUR DU MONT BLANC
Sie ist die bekannteste Tour in der Umgebung. Der Vorteil liegt darin, dass die Strecke gut ausgeschildert ist. Die Auberge du Truc ist ein mögliches Etappenziel. Am nächsten Tag geht es durch schattige Nadelwälder nach Les Contamines und durch das Bonnant Tal Richtung Refuge de la Balme. Anschließend steigt man auf den Col de la Croix Bonhomme und erreicht das Refuge du la Croix Bonhomme.
» 1.350 HM   » 18,4 km   » 7 h   » schwer

 Als würden die wie eine Kette aufgereihten schneebedeckten Gipfel allein nicht reichen, spiegelt sich die Szenerie zusätzlich im Wasser des Lacs des Chéserys, gemeinsam mit einem strahlend blauen Himmel.

Nächtliches Staunen

Wer kennt das nicht: Man wacht mitten in der Nacht auf und muss zur Toilette. Erst versucht man, wieder einzuschlafen, dann beschließt man doch, das warme Bett zu verlassen. Vorsichtig bahnt man sich den Weg zur Tür. Dann tritt man hinaus. Huch, ist das frisch hier draußen! Und der Weg bis zur Außentoilette ist rund 100 Meter weit. Doch zurück ins Bett? Eigentlich auch keine Option. So huscht man hinaus und schnell in Richtung Toilette. Erst auf dem Rückweg, wenn die Gedanken nicht mehr wie auf dem Hinweg durch den Druck auf die Blase zielstrebig auf das stille Örtchen ausgerichtet sind, blickt man wie zufällig nach oben. Und bleibt stehen. Die Kälte ist vergessen, das warme Bett wird warten. Über einem funkeln Tausende von Sternen. Manchmal lohnt es sich eben doppelt, den warmen Schlafsack in der Nacht zu verlassen.

Oft sind umgebende Städte viel zu hell, als dass man einen wirklich tollen Sternenhimmel sehen kann. In den Bergen ist das jedoch eine ganz andere Sache!

AUBERGE DU TRUC | AUVERGNE-RHÔNE-ALPES | FRANKREICH

🇫🇷 FRANKREICH | AUVERGNE-RHÔNE-ALPES

Das Panoramafenster

REFUGE DE TÊTE ROUSSE Die normale Route auf den Mont Blanc, diesen für Alpinisten geradezu mythischen Gipfel in den Alpen, führt über die Goûter-Route. Wer sich aufmacht, das Dach Europas zu bezwingen, muss allerdings einige Höhenmeter überwinden. Ein Stopp auf 3.167 Metern im Refuge erleichtert das Akklimatisieren in der ungewohnt dünnen Luft. Beim Blick aus den großen Hüttenfenstern auf die atemberaubende Bergszenerie rundherum vergeht die Zeit bis dahin geradezu im Flug.

← Ja, Berghütten können auch ganz modern daherkommen. Ein gutes Beispiel dafür ist das von Felsen und Geröll umgebene Refuge de Tête Rousse.

Über diese großen Fenster verfügt nämlich das Refuge de la Tête Rousse. Seit Anfang der 2000er-Jahre steht die moderne Schutzhütte vor der Nordwand der Aiguille de Bionnassay im französischen Mont-Blanc-Massiv. Erforderlich gemacht hatte den Neubau ein altbekanntes Problem stark frequentierter, alpiner Routen: Der alte Bau wurde dem Besucheransturm nicht mehr gerecht. Er platzte aus allen Nähten. Während der Saison zieht es zahlreiche Alpinisten in diese touristisch bestens erschlossene Region, wo schon seit über 100 Jahren die Zahnradbahn »Tramway de Mont Blanc« den Weg auf den Berg zum Kinderspiel werden lässt. Bequem sitzend und mit reichlich nostalgischem Flair geht es auf gut 2.300 Höhenmeter bis zur Endstation Nid d'Aigle am Glacier de Bionnassay hinauf. Der etwa zwei Stunden lange Marsch von dort aus bis zur Hütte allerdings bleibt sportlich

Ambitionierten vorbehalten, schließlich befindet man sich in hochalpinem Umfeld – inklusive aller damit verbundener Herausforderungen. Und Gefahren. Mit welcher Macht und Unausweichlichkeit sich Katastrophen ereignen können, erzählt das mit dem Tête-Rousse-Gletscher verbundene Unglück von 1892. Verborgen unter einer dicken Schicht aus Eis war Schmelzwasser im Lauf der Zeit unbemerkt zu einem riesigen Gletschersee zusammengelaufen. In der Nacht zum 12. Juli brach das Eis unter dem enormen Druck, eine gewaltige Flutwelle rauschte ins Tal und überraschte die schlafenden Bewohner von Saint-Gervais. Viele hatten keine Chance zu entkommen. Zugegeben, ein Jahrhundertereignis. Die Warnung vor gefährlichem Steinschlag auf der Normalroute aber kann auch heute noch nicht oft genug wiederholt werden.

Dass sogar ein Gefühl wie im Himalaya aufkommt, liegt am zur Hütte gehörenden Zeltplatz. Hartgesottene im Höhentraining können

KURZ ERFASST

TALORT Saint-Gervais-les-Bains

LAGE 3.167 Meter ü.M.

OFFEN Juni bis September

ÜBERNACHTEN 72 Matratzenlager

ESSEN einfaches, aber hochwertiges Essen; Snackbar von 9 – 16 Uhr; Abendessen für alle um 18.30 Uhr; fürs Frühstück gibt es zwei Zeiten (4 Uhr und 7 Uhr)

GUT ZU WISSEN Eigenes Bettlaken oder Hüttenschlafsack ist erforderlich. Es gibt kein fließendes Wasser auf der Hütte.

REFUGE DE TÊTE ROUSSE | AUVERGNE-RHÔNE-ALPES | FRANKREICH

Trittsicherheit ist auch bei Wanderungen im Mont-Blanc-Massiv gefragt, wenn der Untergrund steinig ist.

Vom Aiguille du Midi aus bietet sich ein eindrucksvoller Blick auf das Mont-Blanc-Massiv.

ihr Nachtlager auf den Holzterrassen rund um die Schutzhütte aufschlagen. Wer der hochalpinen Kälte doch einen wärmeren Schlafplatz vorzieht, reserviert einen Schlafplatz im Inneren der Hütte.

Das Hüttenteam rund um Federica Perrino Fontana und Antoine Rattin sorgt stets für warme Füße und stellt jedem Gast ein eigenes Paar Hausschuhe zur Verfügung. Dabei sind sie nicht nur hier für reibungslose Abläufe zuständig, sondern kümmern sich auch um die Hütten Nid d'aigle und Goûter. Wer sich vom Refuge aus zu letzterer aufmacht, hat entlang der Aiguille du Goûter Couloir eine mitunter gefährliche Passage vor sich – Stichwort Steinschlag. Ein Gespräch vorab mit Hüttenwirten und Bergführern hilft, die momentane Lage richtig einzuschätzen und auf passende Bedingungen zu warten. Sollten die auf sich warten lassen, kein Problem: Eine Tasse Cappuccino und ein Riesen-Schoko-Cookie auf der Sonnenterrasse trösten über so manche Verzögerung im Ablaufplan hinweg. Überhaupt: Ticken die Uhren hier oben nicht ohnehin ganz anders? ✸

HÜTTENTOUREN

TOUR 1 AIGUILLE DE BIONNASSAY
In wenigen Metern von der Hütte entfernt breitet sich der Gletscher Bionnassay. Ihn überquerend erreicht man den Aiguille de Bionnassay, der nun über seine Nordwestflanke bestiegen wird.
» 885 HM   » 3 km   » 5,5 h   » schwer

TOUR 2 MONT BLANC
Die Zwischenstationen auf dem Weg zum berühmten Gipfel des Mont Blancs sind die Refuges Goûter und Vallot.
» 2.398 HM   » 12,8 km   » 8 h   » schwer

TOUR 3 AIGUILLE DU GOÛTER
Wer nicht auf den König der Gipfel möchte, erreicht über den »Grand Couloir« den Aiguille du Goûter und das gleichnamige Refuge.
» 1.460 HM   » 1,8 km   » 3 h   » schwer

FRANKREICH | AUVERGNE-RHÔNE-ALPES

Die Forscherin

Man kann nur staunen über die mehr als eigenwillige Architektur der Refuge des Cosmiques, die an Nester erinnert, die Küstenvögel an die steilen Klippen bauen.

REFUGE DES COSMIQUES Zwischen dem Weltall und Frankreichs zweithöchst gelegener Hütte besteht eine direkte Verbindung. Nicht nur weil ein französischer Astrophysiker sie in den 1930er-Jahren erbaute, um von hier aus die kosmische Strahlung zu erforschen. Wenn sich die Wolkendecke an manchen Tagen unterhalb der Hütte über dem Rest der Welt ausbreitet, fühlt man sich weit, weit weg von allem Irdischen.

Die Originalhütte, von der aus bis in die 1990er-Jahre hinein unter anderem zum Thema Luftverschmutzung geforscht wurde, steht allerdings nicht mehr. Sie fiel vor einigen Jahren einem Brand zum Opfer. Der neue, moderne Bau aus Glas und dunklem Holz fügt sich so nahtlos in die schroffe Umgebung der Felskuppe am Mont-Blanc-Massiv ein, dass man sie beinahe selbst für Gestein halten könnte. Sommers wie winters umgibt die Hütte eine magische Welt aus Schnee und Eis. Im Westen erstreckt sich der Glacier des Bossons, im Osten das Vallée Blanche, das »weiße Tal«, ein beliebtes Ziel für ambitionierte Skifahrer. Bergsteiger nutzen das Refuge gern als Basis auf ihrer Route zum 4.810 Meter hohen Mont Blanc, das legendäre »Dach von Europa«. Über den Col du Midi, die Nordflanke des Mont Blanc du Tacul und den Col du Mont Maudit führt die sogenannte Cosmique-Route abseits ausgetretener Pfade auf den höchsten Berg der Alpen. Spätestens, wenn sein Name ins Spiel kommt, ist klar: Bei

FRANKREICH | AUVERGNE-RHÔNE-ALPES | REFUGE DES COSMIQUES

dieser Region handelt es sich um alpines Hochgebirge. Ohne technisches Können und gute Kondition wird es hier oben schnell gefährlich. Auch für den verhältnismäßig leichten Zustieg zur Hütte über die Aguille du Midi braucht es alpine Erfahrung. Von Chamonix aus geht es bequem in 20 Minuten mit der Seilbahn auf den Gipfel dieser Felsspitze. Von dort aus führt der Weg gut 200 Höhenmeter über den Grat hinunter zum Refuge.

Wer die dünne Luft in der Höhe nicht gewöhnt ist, akklimatisiert sich dort erst einmal. Der gigantischen Blick auf die grandiose Bergwelt überbrückt die Zeit. Ein Plätzchen vor der breiten Fensterfront im Aufenthaltsraum eignet sich bestens dafür, wenn Wind und Wetter draußen tosen. Ist es freundlich und klar, locken die ausladenden Terrassenflächen ins Freie.

In regelmäßigen Abständen werden Vorräte für den täglichen Bedarf per Hubschrauber angeliefert: Weil aber ein Landen hier unmöglich ist, nimmt das Wirteteam die Lieferung an

KURZ ERFASST

TALORT Chamonix

LAGE 3.613 Meter ü.M.

OFFEN Februar bis September

ÜBERNACHTEN 130 Matratzenlager; Winterraum mit 10 Lagern

ESSEN Halbpension mit Abendessen und Frühstück oder Gerichte direkt von der Karte

GUT ZU WISSEN Wasser ist in diesen Höhen knapp und Duschen deshalb nicht möglich. Die Hütte hat Mobilfunkempfang. Bezahlung bar oder mit Kreditkarte.

REFUGE DES COSMIQUES | AUVERGNE-RHÔNE-ALPES | FRANKREICH

In Luftlinie rund 1,3 km von der Hütte entfernt wartet der Mont Blanc du Tacul auf wagemutige und erfahrene Kletterer.

Sonnenuntergänge haben stets etwas Magisches in den Bergen, wie hier vom Mont Blanc du Tacul.

langen Seilen baumelnd entgegen. Wer das Glück hat, an einem solchen Zuliefer-Tag auf der Hütte Gast zu sein, wird beeindruckt sein von dem Können der Piloten und weiß hinterher das gute Essen vermutlich umso mehr zu schätzen.

Betreiber der Hütte ist der Bergführerverein Chamonix, doch vor Ort kümmern sich Mélanie und Noé federführend um die Bewirtschaftung. Sie verbringen einen Großteil des Jahres hier, zaubern aus einfachen Zutaten Warmes und Schmackhaftes, das hungrige Bergsteigermägen füllt, und stehen jederzeit bei Fragen zu Berg und Sport zur Verfügung. Das entbehrungsreiche Leben inmitten dieser einzigartigen Welt nähmen sie ohnehin nicht auf sich, brächten sie nicht echte Leidenschaft fürs Hochgebirge mit. Erleben dürfen sie die Magie einer Welt, die sich nirgendwo anders finden lässt und die sie gern mit den Gästen der Refuge teilen. Und damit wären wir wieder zurück beim Kosmos, den das Refuge im Namen trägt. Dessen Grüße erreichen die Erde, wie es scheint, hier als Allererstes. ✤

HÜTTENTOUREN

TOUR 1 MONT BLANC
Der europäische Gigant ist von der Hütte über die Cosmiquesroute erreichbar. Die Tour ist sehr anspruchsvoll und erfordert viel Erfahrung im Hochgebirge. Die Beschilderung ist gut, die schwierigste Schlüsselstelle ist unterhalb des Mont Maudit die Firn- und Eisflanke zur Schulter. Da die Nord-West-Flanke des Mont Blanc du Tacul im Dunkeln bestiegen wird, empfiehlt sich, am Vortag diese Strecke bereits zu testen.

» 1.627 HM » 14 km » 13 h » schwer

TOUR 2 AIGUILLE DU PLAN
Von der Hütte aus geht es durch das Col du Midi zum Col du Plan, nach einer anspruchsvollen Abseilstelle weiter zum Rogan du Plan, und schließlich erreicht man den Zielgipfel.

» 900 HM » 6,2 km » 10 h » schwer

FRANKREICH | AUVERGNE-RHÔNE-ALPES

Die Anspruchsvolle

Ebenso massiv wie die umgebenden schroffen Felsen wirkt die Refuge du Couvercle. An schönen Tagen ist sie gut besucht, und alle genießen die Aussicht von der Terrasse.

REFUGE DU COUVERCLE Ein lockerer Spaziergang auf den Berg ist die Wanderung zur Refuge du Couvercle sicherlich nicht! Immerhin liegt sie direkt im Mont-Blanc-Massiv, unterhalb der Gipfel des Viertausenders Grandes Jorasses. Anspruchsvoll ist also bereits die Tour, die zur Hütte führt. Und auch der Aufenthalt in der Refuge du Couvercle selbst gleicht keinem Ponyhof. Aber das erwartet vermutlich auch kein tapferer Bergsteiger in dieser Region.

Nachdem man Gletscher, Höhenmeter und den inneren Schweinehund (der manchmal vielleicht doch lieber wieder umkehren würde) überwunden hat, erreicht man in einer Höhe von 2.683 Metern endlich die ersehnte Hütte. Kaum hebt sie sich von ihrer Umgebung ab, denn sie ist aus dem gleichen grauen Stein erbaut. Und nicht nur farblich passt sie zur Landschaft. Sie wirkt auch genauso robust wie die großen Felsbrocken. Die hellblauen Fensterläden leuchten einem jedoch freundlich entgegen, und so wird man die letzten Schritte bis zur Eingangstür sicherlich etwas schneller und zielstrebiger in Angriff nehmen.

Und dann? Erst einmal die festen Schuhe ausziehen – eine Wohltat für die Zehen, sich wieder an der Luft frei bewegen zu dürfen! – und sie gegen bunte Clocs eintauschen. Sie dienen verpflichtend als Hüttenschuhe und stehen in verschiedenen Größen in ausreichender Anzahl direkt im Eingangsraum zur Verfügung. Im nächsten Raum entledigt man sich schließlich

FRANKREICH | AUVERGNE-RHÔNE-ALPES | REFUGE DU COUVERCLE

KURZ ERFASST

TALORT Chamonix-Mont-Blanc

LAGE 2.683 Meter ü.M.

OFFEN Jede Saison individuell, auf der Website abrufbar

ÜBERNACHTEN Schlafplätze: 128

ESSEN Frühstück und Abendessen zubuchbar; tagsüber stehen Getränke und kleine Snacks (süß und herzhaft) zur Verfügung

GUT ZU WISSEN Auf Ernährungsbesonderheiten kann Rücksicht genommen werden, sofern bei der Reservierung angegeben.

Besonders wenn der Himmel sich von seiner blauen und freundlichen Seite zeigt, ist der Aiguille du Moine ein empfehlenswertes Ziel.

einem weiteren Ballast, der auf der Wanderung nötig war, aber in der Hütte nur im Weg umgehen würde. Denn hier stehen große Boxen bereit, in die man Eispickel, Steigeisen und Co. legen soll. Nun noch die Anmeldung vornehmen, und schon ist man Gast in der Refuge du Couvercle. Man sollte sich bewusst sein, dass in dieser exponierten Lage nicht immer alles einfach ist. Zum Beispiel das Aufladen eines Handys. Der Strom für die Hütte wird aus Solarzellen gespeist – in der Nacht und wenn die Hütte voll ist, wird man also das Handy nicht aufladen können. WiFi ist nicht vorhanden, dafür kann man sich ganz auf das Hier und Jetzt konzentrieren und mit anderen Wandersleuten ins Gespräch kommen, auch Spiele und Bücher stehen zur Verfügung.

Untergebracht ist man in Zimmern, die zwischen 16 und 25 Betten fassen, die Zimmeraufteilung erfolgt praktischerweise nach geplanter Aufstehzeit. Ebenfalls nicht einfach ist die Versorgung der Hütte mit Wasser. Es kommt zwar direkt aus der Quelle, doch diese ist oft bis weit in den Frühling hinein unter Schnee und

REFUGE DU COUVERCLE | AUVERGNE-RHÔNE-ALPES | FRANKREICH

Eis verborgen, und auch im Sommer müssen die Sammelbehälter, dank derer das Wasser schließlich auch nutzbar ist, oft umpositioniert werden. Es ist also ein authentisches Erlebnis von Ursprünglichkeit, das die Refuge du Couvercle bietet. Auch die puristische Ausstattung und das vorwiegend aus Holz erbaute Interieur machen das spürbar. Etwas anderes würde auch gar nicht zu der Landschaft passen, in die sich Die Anspruchsvolle einfügt. Schroffe Gipfel, überall Schnee, bunte Fahnenketten flattern im rauen Wind. Man fühlt sich erhaben und winzig klein zugleich, wenn man abends gemeinsam vor der Hütte sitzt und der Sonne dabei zusieht, wie sie langsam hinter den zackigen Bergrücken untergeht. Es ist eine besondere Magie, die einem solchen Moment innewohnt. Das wissen auch die Gastgeber der Refuge, die gern Gaston Rébuffat, einen berühmten französischen Bergsteiger, zitieren. Er bezeichnete einst die Berge gerade wegen ihrer absoluten Wildheit und extrem Armut an Vegetation als Königreich, das doch so reich ist, denn Glück ist nie in Geld aufzuwiegen.

HÜTTENTOUREN

TOUR 1 AIGUILLE DU MOINE
Verschiedene Wege führen zum Gipfel, einer davon ist der auf dem Grat verlaufende und anspruchsvolle Arête Sud Intégrale.
» 725 HM » 1,7 km » 6 h » schwer

TOUR 2 MER DE GLACE
Eine besondere Route führt von Chamonix über Montenvers zum Mer de Glace. Über das Gletscherfeld erreicht man am Ende der Tour die Refuge du Couvercle. Vorsicht ist besonders an dem Abstieg von Montenvers zum Mer de Glace über Leitern geboten.
» 1.877 HM » 11 km » 7 h » schwer

TOUR 3 LA NONNE
Mit Panoramasicht und abwechslungsreichen Klettereien lockt die Süd-Nord-Überquerung.
» 653 HM » 10,5 km » 8 h » mittel

Nach einem winterlichen Wolkenschauer ist die »Grüne Nadel«, Aiguille Verte, plötzlich ganz und gar nicht mehr grün, sondern puderweiß.

■ FRANKREICH | AUVERGNE-RHÔNE-ALPES | REFUGE DU COUVERCLE

Gut gedeckelt

Wer die Refuge du Couvercle das erste Mal erblickt, sollte nicht erschrecken. Denn die heute nur noch als Winterunterkunft genutzte ältere Hütte steht direkt unter einem enormen Felsbrocken. Auf den ersten Blick denkt man beinahe, er fällt gerade unmittelbar auf die mit Aluminium verkleidete Holzhütte. Aber kein Grund, in Panik zu verfallen! Der Felsbrocken befindet sich nicht in Bewegung, und es besteht keine Gefahr für die 1904 erbaute Hütte. Vom nahen Aiguille du Moine ist der Granitblock einst heruntergestürzt und kam in seiner vorspringenden Lage zur Ruhe – wie ein Deckel legt er sich so über die Hütte. Und daher hat die Refuge du Couvercle auch ihren Namen, denn nichts anderes als »Deckel« bezeichnet das französische »couvercle«.

→

Das bizarre Ensemble aus Hütte und »Felsdeckel« könnte man auch so betrachten, als ob die Hütte sich Schutz suchend wie ein Käfer unter ein großes Blatt verkriecht.

REFUGE CU COUVERCLE | AUVERGNE-RHÔNE-ALPES | FRANKREICH

HÜTTENBUCH

HÜTTENBUCH

Architektur am Berg

Schutzbauten neu gedacht: spektakulär und umstritten

Viele Alpen-Hütten wurden vor über 100 Jahren errichtet. Oft ist die Bausubstanz inzwischen marode, sodass sich eine Sanierung nicht mehr lohnt. Dann bleibt nur ein Abriss der alten und ein Bau einer neuen Hütte. Die heutigen Anforderungen an eine Schutzhütte unterscheiden sich deutlich von den früheren, weshalb in den vergangenen Jahren einige Hütten entstanden sind, die nicht jedermanns Geschmack trafen. Sie schließen die Lücke zwischen Umweltverträglichkeit, Energieeffizienz und moderner Architektur. Die Olpererhütte war 2006 eine der ersten Hütten, bei der das klimarelevante Bauen im Mittelpunkt stand. Beim Umbau der Capanna Corno Gries bekam sie einen rundum verglasten Kubus aufgesetzt. Weitere interessante Neubauprojekte sind die Monte-Rosa-Hütte, die Schwarzensteinhütte, das Waltenberger Haus und die Höllentalangerhütte.

Besonders am Abend, wenn alles im bläulichen Schimmer liegt, strahlt die Monte-Rosa-Hütte nicht nur im Glanz ihrer Fenster, sondern auch in einer futuristischen Aura.

🇨🇭 SCHWEIZ

Kaum ein europäisches Land wird so stark mit Bergen assoziiert wie die Schweiz. Und so ist es auch kein Wunder, dass es überall in der Schweiz wunderschöne Touren gibt, die mal leicht, mal anstrengend, aber immer lohnenswert sind. Denn am Ziel angekommen, warten Panoramasichten auf die Wanderer, die jede Mühe vergessen machen.

Und falls die Fernsicht doch einmal nicht reicht, um wieder neue Kraft zu tanken, gibt es auf den unterschiedlichen Hütten der Schweiz die beste Bewirtung. Käse spielt dabei die Hauptrolle, aber auch vieles weitere wird mit Traditionsbewusstsein hausgemacht.

Viele Hütten sind auch kleinen Bergsteigern gegenüber sehr aufgeschlossen, weshalb einer Wandertour mit der ganzen Familie nichts im Weg steht. Andere Hütten wiederum erfordern einiges an Kondition, um sie zu erreichen.

Die Spiegelung des Matterhorns auf dem Riffelsee ist wahrlich ein beeindruckendes Naturschauspiel.

SCHWEIZ | BERN

Die Fliegerhütte

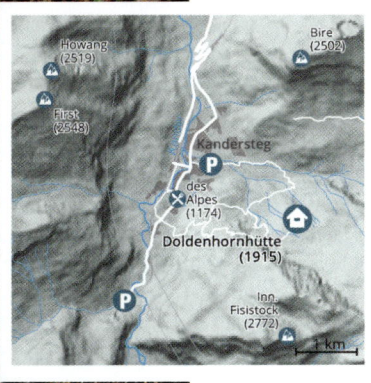

DOLDENHORNHÜTTE Auf einem Felsvorsprung hoch über dem Oeschinensee bei Kandersteg liegt die kleine, familienfreundliche Doldenhornhütte und schaut zu seinem Namensgeber, dem mächtigen, 3.638 Meter hohen Doldenhorn auf. Durch die exponierte Lage ist die Hütte ideal für einen Flug mit dem Gleitschirm. Zur Unterstützung haben die Hüttenwirte einen Windsack auf dem Startgelände aufgehängt.

Es ist immer noch früher Morgen und wir beginnen gerade unseren Abstieg vom imposanten Doldenhorn. Die Steigeisen greifen gut im harten Schnee, unsere Schritte erfordern jedoch Vorsicht. Wir blicken ins Tal und es fühlt sich fast wie ein senkrechter Blick nach unten an. Das Gelände ist sehr steil. Tief unter dem Gletscher fällt unser Blick direkt hinunter auf den wunderschön gelegenen Oeschinensee.

Am Vortag sind wir aufgestiegen zur Doldenhornhütte. Im Gegensatz zum Weg auf den Gipfel ist der Hüttenweg gemütlich und abwechslungsreich. Zuerst am Schotterweg von Kandersteg in Richtung Oeschinensee, danach zum Bärentritt, wo uns ein Drahtseil für ein kurzes Stück sichernd Halt gibt. Dann folgt ein zauberhafter Weg durch Lärchen- und Arvenwälder, bis man zur kleinen Doldenhornhütte gelangt, die auf einem schönen Wiesenabsatz hoch über dem Oeschinensee liegt.

Wir genießen den Nachmittag auf der sonnigen Hüttenterrasse und gönnen uns zum

 Nicht zuletzt die Umgebung, die nicht wie so oft in den hohen Lagen grau und karg daherkommt, verleiht der Doldenhornhütte ein einladendes Flair.

SCHWEIZ | BERN | DOLDENHORNHÜTTE

Stück Alpkäse ein kühles Bier. Viel Platz ist hier zwar nicht, doch dafür ist die Hütte umso gemütlicher, und man kommt schnell mit den Tischnachbarn ins Gespräch. Wir besuchen den Gleitschirmflieger-Startplatz und sind beeindruckt von dem Wagemut der Piloten, die sich in die freie Luft hinabstürzen.

Die Hütte lohnt sich aufgrund der Lage, der netten Bewirtung und des verhältnismäßig kurzen Anstiegs sehr gut für einen Tagesausflug. Wer mit leichtem Gepäck aufsteigen möchte, der kann seinen Rucksack sogar mit der Materialseilbahn auf die Hütte transportieren lassen. Es besteht auch die Möglichkeit, aus der Hüttenwanderung eine schöne Rundtour zu machen. Hierfür nimmt man für den Aufstieg von Kandersteg den Felsenweg, kehrt dann auf der Doldenhornhütte ein und steigt auf dem normalen Hüttenweg zurück ins Tal. Allerdings ist der Weg an einer Stelle ziemlich ausgesetzt und erfordert Vorsicht.

KURZ ERFASST

TALORT Kandersteg

LAGE 1.915 Meter ü.M.

OFFEN Juni bis September

ÜBERNACHTEN 40 Schlafplätze in Matratzenlagern, Winterraum mit 10 Lagern, alle Schlafplätze sind mit Duvetdecken und Kopfkissen ausgestattet

ESSEN einfache Schweizer Küche, Übernachtung wird mit Frühstück angeboten

GUT ZU WISSEN Bei einer Hüttenwanderung unbedingt den Rundweg unternehmen. WC befindet sich außerhalb der Hütte

DOLDENHORNHÜTTE | BERN | SCHWEIZ

Leuchtend gelb grüßt am Wegesrand die Alpenaurikel. (oben)
Rauschend stürzt sich das Wasser nahe Kandersteg an der steilen Felswand herab. (unten)

Durch den schleierigen Wasserfall hindurch blickt man auf den türkisfarbenen Oeschinensee. Erfrischung unterwegs!

Wer sich für den nächsten Tag das Doldenhorn vornimmt, muss zeitig ins Bett. Früh reißt einen der Wecker aus dem Schlaf, und es ist schon fast schade, nicht mehr Zeit zu haben, um das köstliche Frühstück ausgiebig zu genießen. Denn der Berg ruft. Mit 3.638 Metern Höhe ein ordentlicher Brocken in den Berner Alpen. Vor allem, da die Doldenhornhütte noch unter 2.000 Metern Höhe liegt. Das sind über 1.700 Meter auf den Gipfel. Dennoch ist der Anstieg über einen steilen Gletscher ein richtiger Genuss, nicht zuletzt aufgrund des spektakulären Panoramablicks auf die weiteren berühmten Berge der Berner Alpen. Besonders beeindruckend sind die Nachbargipfel: das verwunschene Blüemlisalphorn und das Balmhorn mit dem Altels. Zurück an der Hütte, kann man auf den Gipfelerfolg anstoßen und sich den Bergsteiger-Burger oder Heidis Spätzli schmecken lassen.

Leider sind wir keine Gleitschirmflieger. Deshalb können wir nach einer weiteren Nacht nicht die direkte Abkürzung ins Tal nehmen. Somit bleibt uns nur der Fußweg.

HÜTTENTOUREN

TOUR 1 JEGERTOSSE
Von der Doldenhornhütte führt eine blumenreiche Wanderung über die Fisialp auf dem Felsenpfad hinauf auf den Jegertosse.
» 660 HM   » 3,8 km   » 2,5 h   » einfach

TOUR 2 DOLDENHORN
Die Normalroute aufs Doldenhorn hat es in sich und sollte nur bei guten Verhältnissen gegangen werden. Sie führt über Gletscher und Spalten. Der Ausblick vom Gipfel ist jedoch jede Mühe wert!
» 1.730 HM   » 4,6 km   » 5,5 h   » mittel

TOUR 3 OBERBÄRGLI
Am Nordufer des tiefblauen Oeschinensees führt ein wunderbarer Rundweg entlang über Hohtürli und Oberbärgli.
» 480 HM   » 8,3 km   » 3 h   » mittel

🇨🇭 SCHWEIZ | BERN

Der Geheimtipp

FRÜNDENHÜTTE Türkis und klar glitzert der Oeschinensee in der Sonne, umgeben von einer spektakulären Gipfelwelt. Kein Wunder, dass er im Sommer gut besucht ist. Wer jedoch hoch hinaus möchte, für den ist der idyllische Bergsee nur ein Zwischenstopp, an dem man noch mal gut Energie tanken kann, bevor der Weg weiterführt zur Fründenhütte. Das Beste: Oben angekommen, hat man den prächtigsten Blick auf den Oeschinensee.

Die Lage wird sicher für viele der Hauptgrund für die Wanderung zur Fründenhütte sein. Klar, man könnte dagegenhalten, dass wohl die meisten Alpenhütten eine spektakuläre Aussicht bieten. Trotzdem wird man sich, einmal angekommen, erst einmal vor die Hütte setzen und sie nicht gleich betreten – einfach um den Blick zu genießen. Umrahmt wird die Fründenhütte von drei Gipfeln, dem Dündenhorn, dem Blüemlisalphorn und dem Doldenhorn. Und dank der Bauweise aus grobem Stein und mit ihren rot-weißen Fensterläden fügt sie sich herrlich in das Gesamtbild ein. Im Sommer blühen rote Blumen in den Fenstern, die große Holztür steht einladend offen. Alles Grund genug, die Fründenhütte zu besuchen. Doch das größte Argument ist eigentlich, dass die Hütte, anders als der Oeschinensee selbst, im Sommer nicht überlaufen ist. Man muss sich also nicht streiten um den besten Platz an der Sonne – definitiv das Fleckchen direkt unterhalb des Gletschers, wenige Meter vor der Hütte – und kann von dort

← Dort wo das Bergidyll des Oeschinensees in eine respekteinflößend schroffe Hochalpinwelt aus Fels und Eis übergeht, liegt die Fründenhütte.

SCHWEIZ | BERN | FRÜNDENHÜTTE

KURZ ERFASST

TALORT Kandersteg

LAGE 2.562 Meter ü.M.

OFFEN Juni bis Oktober

ÜBERNACHTEN 58 Schlafplätze in Mehrbettzimmern, Winterraum mit 16 Matratzenlagern

ESSEN Einfache, aber kräftigende und schmackhafte Mahlzeiten zum Frühstück und abends; Marschtee bei Halbpension eingeschlossen.

GUT ZU WISSEN Vierbeiner können kostenlos bei voriger Anmeldung im Holzschuppen übernachten – allerdings nur einer pro Nacht und nur Sonntag bis Freitag, Reservierungen über Online-Reservierungssystem.

Auch der Ziege scheint es am Oeschinensee gut zu gefallen. (links)
Die roten Blumen in den Fenstern der Hütte versprühen ein gemütliches Ambiente. (unten)

ganz in Ruhe die wohltuende Hausmannskost der Fründenhütte genießen, und den Blick auf den Sonnenuntergang versperren nicht unzählige andere Wanderer. Die Fründenhütte ist ein kleiner Geheimtipp.

Das liegt vermutlich auch an dem Aufstieg, der wirklich nicht ohne ist. Zwar gibt es einen unkomplizierten Weg direkt vom Bergsee zur Hütte, doch wegen Bergsturzgefahr wurde dieser mittlerweile gesperrt. Es bleibt also keine andere Wahl, als über die sogenannte Fründenschnur zur Hütte zu kommen. Fründenschnur heißt der Weg deshalb, weil er tatsächlich stellenweise so dünn ist wie eine Schnur. Direkt an der Felswand verläuft ein schmales Grasband, auf der einen Seite geht es steil nach unten, auf der anderen steil nach oben. Trittsicherheit ist hier unersetzlich. Auch schwindelfrei muss man sein, um den Weg zu überwinden. Gesichert ist dieser T4-Weg mit Stahlseilen. Dafür begegnet man Steinböcken und Wiesel, und wenn man Glück hat, erspäht man auch einen Steinadler oder Bartgeier. So elegant wie die Steinböcke wird man allerdings nicht den Pfad erklimmen – umso glücklicher schätzt man sich, sobald die ausgesetztesten Streckenabschnitte überwunden sind und man endlich die Fründenhütte erreicht hat.

FRÜNDENHÜTTE | BERN | SCHWEIZ

Eingebettet zwischen mächtigen Felswänden glänzt der Oeschinensee, der schönste Bergsee der Alpen, wie ihn die Kandersteger bezeichnen. Sein satte Türkisblau sorgt dabei für ein einmaliges Naturspektakel.

Belohnt werden die Strapazen durch die äußerst herzliche Art von Marianne und Bernhard Winkler, die die Hütte bewirtschaften und jedem Gast das Gefühl geben, nach Hause zu kommen. Die familiäre Atmosphäre kann leicht darüber hinwegtäuschen, dass das Leben auf einer Berghütte nicht immer ein Zuckerschlecken ist. Natürliche Wasserquellen gibt es keine mehr, seit sich der Gletscher – der einst die gesamte Hütte umgab – immer mehr zurückzieht. Für jede Tasse Tee und jede köstliche Mahlzeit muss zunächst Schnee geschmolzen oder Wasser aus Gletscherseen abgekocht werden.

Strom wird durch Photovoltaik und durch einen Dieselgenerator gewonnen. Die eiserne Regel der Hüttenwarte dabei lautet, maximal 2,5 dl pro Gast vom Diesel zu nutzen. Denn wer so nah an der schützenswerten Natur lebt, gibt auch das Beste, sie zu erhalten und die Hütte möglichst nachhaltig zu betreiben. Auch der bewusste Umgang mit Lebensmitteln gehört dazu. Die Zutaten müssen per Hubschrauber eingeflogen werden, das Essen wird frisch zubereitet und Lebensmittelabfälle werden vermieden. Duschen sucht man auf der Fründenhütte vergeblich – wer möchte, kann auf dem Abstieg wieder ein erfrischendes Bad im Oeschinensee nehmen.

HÜTTENTOUREN

TOUR 1 PANORAMAWEG HEUBERG
Der Startpunkt der Rundwanderung ist die Bergstation Oeschinen, welche von Kandersteg mit der Gondel zu erreichen ist. Mit Blick auf den Oeschinensee gilt sie als die schönste Panorama-Wanderung im Berner Oberland.
» 1.060 HM » 11 km » 4,5 h » mittel

TOUR 2 DOLDENHORN
Eis, Schnee und Fels und ein spektakulärer Firngrat werden mithilfe von einigen Fixseilen, Sicherungsstangen und einer Strickleiter überwunden.
» 1.100 HM » 9 h » schwer

TOUR 3 FRÜNDENHORN
Der Normalweg verläuft von der Fründenhütte auf dem Nordwestgrat über den Fründengletscher. Eine Gletscherquerung, viele Felspassagen, ein paar kurze Kletterstellen und ein imposanter Firngrat machen die hochalpine Tour zu einem Abenteuer.
» 830 HM » 5 h » schwer

SCHWEIZ | BERN | FRÜNDENHÜTTE

Hüttenhelden

Geschichten über die herausragende Gastfreundschaft des Ehepaars Marianne und Bernhard gibt es zahlreiche. So zum Beispiel, als einmal einer Wanderin die Puste ausging und sie die letzten paar Hundert Meter zur Hütte nicht mehr schaffte. Ihr Freund lief voraus, um zu sehen, wie weit es noch sei – und kam zum großen Erstaunen der Erschöpften mit einer Tasse Bouillon zurück, die Marianne kurzerhand für sie kochte. Unnötig zu sagen, dass das letzte Wegstück mit dieser aufmerksamen Stärkung schließlich doch noch überwunden wurde. Eine andere Heldentat war die von Bernhard, als er einem Wanderer, dessen Schuhsohlen sich komplett lösten, mit Kabelbindern mangels Alternative die Schuhe »reparierte«, sodass er mit ihnen (so sagt man zumindest) sogar noch bis nach Zürich laufen konnte.

Eine pfiffige Idee: Statt die kaputten Bergschuhe am Berg zurückzulassen und barfuß den Weg zurück ins Tal zu meistern, halten Kabelbinder die kaputte Sohle noch lange genug am Schuh.

FRÜNDENHÜTTE | BERN | SCHWEIZ

SCHWEIZ | BERN

Die Weinhütte

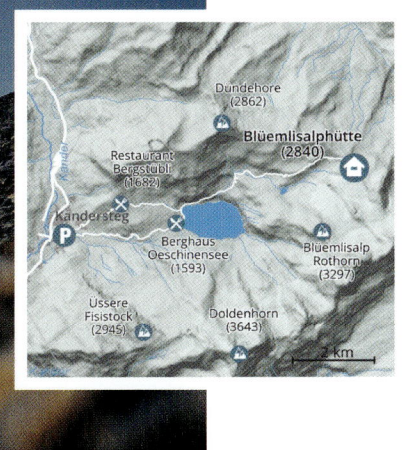

BLÜEMLISALPHÜTTE Die Blüemlisalphütte ist eine beliebte Hütte in den Berner Alpen. Sie liegt an bekannten Wanderrouten wie dem Bärentrek und ist Stützpunkt für die anspruchsvolle Hochtour auf das Blüemlisalphorn. Besonders ist der Wein auf der Hütte. Im Keller reifen drei Jahre lang Merlot, Syrah und Pinot Noir im Eichenfass von einer kleinen Weinkellerei im Wallis.

Die Blüemlisalphütte ist eine typische Schweizer Berghütte. Einfach, aber gemütlich. Es gibt keine Duschen, sondern nur kaltes Wasser zum Waschen. Trinkwasser ist ebenfalls nicht vorhanden. Bei der Ankunft wird man in unterschiedliche Schlaflager aufgeteilt. So finden sich jeweils die Wanderer und die Hochtourengeher getrennt voneinander in einem Zimmer, schließlich wird zu unterschiedlichen Zeiten gefrühstückt.

Dass sich die Hütte auf knapp 3.000 Höhenmetern befindet, merkt der ein oder andere an der knapper werdenden Luft – sowohl beim Wandern, als auch beim Schlafen. Warum Letzteres in den meisten Fällen aber schließlich doch hervorragend funktioniert, liegt mit Sicherheit an den Duvets – das sind unglaublich bequeme und warme Bettdecken. Und vielleicht ein bisschen an dem köstlichen Wein, mit dem man den geselligen Hüttenabend gern genießt.

Familie Wuilloud, die eine kleine Kellerei besitzt, und die Hüttenwarte Hildi und Hans verbindet eine jahrelange Freundschaft. Und so kommt es, dass im Keller der Blüemlisalphütte

Wer die Blüemlisalphütte besucht, sollte unbedingt eine Übernachtung einplanen, denn dann kann man abends vor der Hütte sitzend den Sonnenuntergang genießen.

SCHWEIZ | BERN | BLÜEMLISALPHÜTTE

Eichenfässer voll köstlichem Rotwein der Weinkellerei Cave des Bouquetins Grimisuat Wallis lagern. Er reift dort drei Jahre, ehe man ihn als Hüttengast probieren kann.

124 Gäste finden in der Blüemlisalphütte einen Schlafplatz. Hüttenschlafsäcke sind entweder mitzubringen oder auch in der Hütte zu erwerben oder zu leihen. Zum Frühstück wird ein Buffet geboten, durch das man sich genügend Energie für die Tagestour holen kann. Brot mit Butter, Käse und Konfitüre sind ebenso dabei wie Müsli. Zum Trinken gibt es Kaffee, Tee, Kakao oder Milch. Wenn man dann die Umgebung ausgiebig erkundet hat und zur Mittagszeit zurückkehrt, hat man die Wahl zwischen kalten Stärkungen wie Sandwiches, Trockenfleischteller und Hobelkäse, oder man kostet die warmen Leckereien wie Rösti, Suppe und Spätzlipfanne. Das Abendessen besteht aus drei Gängen. Zunächst gibt es

KURZ ERFASST

TALORT Kandersteg

LAGE 2.840 Meter ü.M.

OFFEN Mitte Juni bis Mitte Oktober

ÜBERNACHTEN 124 Schlafplätze in Lagern, Winterraum mit 18 Matratzen

ESSEN leckere hausgemachte Speisen sowie warme und kalte Getränke

GUT ZU WISSEN Für den langen Hüttenanstieg sollte man sich unbedingt Zeit lassen. Die unvergesslichen Sonnenuntergänge entschädigen für den Aufstieg! Kein Trinkwasser vorhanden. Vegetarisches Menü auf Vorbestellung.

BLÜEMLISALPHÜTTE | BERN | SCHWEIZ

→ Auch das Hohtürli ist ein gutes Wanderziel von der Blüemlisalphütte aus. Im Hintergrund ragen Wildstrubel und Diablerets in den Himmel.

↓ In der Ferne kann man die Hütte bereits erahnen. Dahinter lockt die Wildi Frau als nächster Gipfel.

Salat, Gemüse oder eine Suppe. Dann zaubert Hildi – die gelernte Köchin ist und somit bestens Bescheid weiß, was schmeckt – einen guten Hauptgang auf den Tisch, und zum Abschluss gibt es noch etwas Feines zum Dessert. Sofern bei der Anmeldung mit angegeben, gibt es auch die Möglichkeit eines vegetarischen Menüs. Ein toller Service besteht im Packen eines Lunchpakets. Einfach am Vorabend bestellen und in der Früh mitnehmen, bevor man aufbricht. Marschtee zum Abfüllen in die eigene Trinkflasche ist sogar in der Halbpension inbegriffen. Auch abgesehen vom Essen ist das Team der Blüemlisalphütte äußerst kompetent, und Gastfreundschaft wird mit Leidenschaft gepflegt.

Im Winter stehen 18 Gästen Plätze in der Hütte zur Verfügung. Wolldecken sind vorhanden, ebenso Holz, mit dem man sich im Holzofen ein Essen bereiten kann. Dafür muss man allerdings selbst Lebensmittel und Getränke mitnehmen. Es gibt im Winter auch kein Wasser auf der Hütte.

HÜTTENTOUREN

TOUR 1 BÄRENTREK
Einer der bekanntesten Fernwanderwege führt an der Blüemlisalp vorbei. In mehreren Etappen geht es von Meiringen nach Gsteig.
» 23.600 HM   » 20 Tage   » 5 h   » mittel

TOUR 2 ZUR FRÜNDENHÜTTE
Der Hüttenübergang führt von der Blüemlisalphütte um den Oeschinensee herum oder über die Fründenschnur bis zur Fründenhütte – nur etwas für Schwindelfreie und Geübte!
» 1.010 HM   » 11,5 km   » 5 h   » mittel

TOUR 3 WILDLI FRAU
Die Wanderung auf den Gipfel ist eine aussichtsreiche Halbtagestour, erfordert jedoch eine kurze Kletterstrecke im 3. Grad.
» 450 HM   » 1,3 km   » 2,5 h   » mittel

SCHWEIZ | BERN | BLÜEMLISALPHÜTTE

Die Sage von der Blüemlisalp

Einst war die Blüemlisalp eine grüne, saftige Alp, auf der ein junger Senn mit seinen Tieren und Knechten wohnte. Immer reicher und reicher wurde der Senn, und bald schon entschloss er sich, zu heiraten. Die Frau allerdings wollte besonders sein, weshalb er täglich ihre Füße mit Milch wusch und den steinigen Boden mit Käselaiben auslegte, damit sie nicht auf den Steinen gehen musste. Seine Mutter stieg zur Alpe, um ihn von seinem Tun abzubringen. Durstig kam sie oben an. Sie bekam von den beiden dann eine verdorbene und schmutzige Milch, was die Mutter sehr wütend machte. Zur Strafe verwünschte sie die Alpe. Eis solle den Berg bedecken und die beiden samt ihrem Vieh darunter begraben. So machte sich die Mutter an den Abstieg. Plötzlich entluden sich Fels und Eis vom Himmel und bedeckten die Blüemlisalp, auf der es seither kalt und eisig ist.

Ob man die Legende glaubt oder nicht, ist jedem selbst überlassen. Fakt ist jedoch, dass es heute auf der Blüemlisalp beste Milch zum Trinken gibt – nicht zum Waschen.

BLÜEMLISALPHÜTTE | BERN | SCHWEIZ

🇨🇭 SCHWEIZ | WALLIS

Die Hochalpine

MISCHABELHÜTTE Wer hier heraufkommt, hat Hochalpines im Blick – und eine erste Anstrengung hinter sich. Denn bereits der Anstieg zur Hütte hat es in sich und ist versierten Bergsteigern vorbehalten. Seit 1903 steht die Mischabelhütte über 3.300 Meter hoch inmitten des umwerfenden Bergpanoramas im Schweizer Wallis. Seit 1973 steht ein zweiter Bau an ihrer Seite.

Betrachtet man lediglich den Untergrund, auf dem die beiden mehrstöckigen Holzhütten errichtet wurden, schießt einem unwillkürlich die Frage durch den Kopf: Wie in aller Welt ließ sich jemals hier bauen? Tief fällt die zerklüftete Felsrippe zu drei Seiten hin ab, die den Hohbalmgletscher vom Fallgletscher trennt. Bergwärts, in Richtung Nordostgrat zur Lenzspitze, steigt der Fels sofort steil an. Eine extrem exponierte Lage, die sich jeder Adler sofort für seinen Horst ausgesucht hätte. Denn die Rundumsicht ist weit und phänomenal: Mit Täschhorn, Dom, Lenzspitze, Nadelhorn und Ulrichshorn – allesamt über 4.000 Meter hoch – präsentiert die Mischabelgruppe eine majestätische und traumhaft schöne Gipfelszenerie.

Dass Bergsteiger seit über 100 Jahren mit der Mischabelhütte eine perfekte Basis für Hochgebirgstouren in der Region haben, ist dem Akademischen Alpen-Club Zürich zu verdanken. Ihm gehört die Hütte bis heute. Seine Mitglieder trugen das Geld zusammen, um von 1902 an Baumaterialien auf Maultierrücken den Berg hinaufzuschaffen und ein eigenes Club-

Selbst im Sommer ist die Mischabelhütte von Schnee umgeben. Ein herrliches Bild besonders dann, wenn sich der Himmel strahlend blau darüberspannt.

SCHWEIZ | WALLIS | MISCHABELHÜTTE

KURZ ERFASST

TALORT Saas Fee

LAGE 3.340 Meter ü.M.

OFFEN Mitte Juni bis Mitte September

ÜBERNACHTEN 130 Schlafplätze, Winterraum mit 40 Matratzenlagern

ESSEN Abendessen, Frühstück, Getränke, Marschtee und eine kleine Tageskarte mit vorwiegend regionalen Spezialitäten

GUT ZU WISSEN Der Aufstieg zur Hütte reduziert sich um eine Stunde, wenn man die Seilbahn nach Hannig benutzt.

Oberhalb von Saas Fee führt der Weg zur Mischabelhütte auch über eine schmale Leiter. Trittsicherheit und feste Schuhe sind also unbedingt erforderlich.

heim am Nadelgrat zu errichten. Als Haupthaus steht es bis heute an dieser Stelle, inzwischen renoviert und modernisiert.

Unterhalb befindet sich eine zweite Hütte, die auf das Projekt »lange Wurst« zurückgeht. Die Ursprungshütte drohte in den 1970er-Jahren nämlich aus allen Nähten zu platzen. In einer Nacht zählte der Hüttenwirt 110 Übernachtungsgäste, was dem Doppelten der eigentlichen Auslastungsmöglichkeiten entsprach. Mehr Platz musste her. Pläne entstanden, um die Hütte längs zu erweitern, also in eine »lange Wurst« zu verwandeln. Weil das aber lediglich 13 zusätzliche Schlafplätze gebracht hätte, entschied man sich doch fürs Sprengen. Um damit ein Felsplateau für das heutige Nebengebäude zu schaffen.

Seit 2011 bewirtschaftet Maria Anthamatten die Mischabelhütte. Ihre erste Saison verbrachte sie auf einer Baustelle, denn durch das Umrüsten der Wasserversorgung mit Dachwasserfassung, Speichertanks und Trocken-WC sicherte der Akademische Alpen-Club den Fortbetrieb der Hütte für die Zukunft. Der Klima-

MISCHABELHÜTTE | WALLIS | SCHWEIZ

wandel macht auch vor dem Wallis nicht Halt. Der Wassermangel aufgrund der sich zurückziehenden Gletscher bereitet der Mischabelhütte Probleme.

Im gleichen Zug wurde die Energiegewinnung erneuert, Sonnenkollektoren installiert und die Kücheninfrastruktur modernisiert. Das Material dafür brachten diesmal statt Mauleseln Hubschrauber ins unwegsame Gelände.

Wie kräftezehrend der Anstieg ist, steht den ankommenden Bergsteigern ins Gesicht geschrieben. Über Leitern, Trittstifte und durch Drahtseile gesichert gelangen sie nach etwa vier Stunden bergauf vom Talort zur Hütte. Alle Anstrengung ist aber sofort vergessen, sobald man sich auf der herrlichen Sonnenterrasse ausstreckt. Bei schlechter Witterung lockt der gemütliche Innenraum, wo es sich in der hellen, liebevoll dekorierten Holzstube bestens aushalten lässt. Das Essen schmeckt, und wer Geburtstag hat, bekommt von der Hüttencrew schon mal ein Stück Kuchen mit einer kleinen Geburtstagskerze – man steigt eben nicht nur in die Berge, um Gipfel zu erreichen.

HÜTTENTOUREN

TOUR 1 NADELHORN
Der von Eis und Spalten geprägte Weg führt von der Hütte über das Ulrichshorn und bis hinauf auf das Panorama-Ziel Nadelhorn.
» 1.065 HM   » 6,6 km   » 5,5 h   » mittel

TOUR 2 VON DER BORDIERHÜTTE ZUR MISCHABELHÜTTE
Eine schöne Tour über das Groß Bigerhorn und das Ulrichshorn zur Mischabelhütte mit spektakulärem Ausblick auf die Lenzspitze.
» 1.260 HM   » 7,6 km   » 9 h   » mittel

TOUR 3 LENZSPITZE & NADELHORN
Die NNE-Wand der Lenzspitze ist ein anspruchsvolles, aber einzigartiges Klettererlebnis. Von dort geht es am Grat bis zum Nadelhorn und auf dem Normalweg zurück.
» 1.282 HM   » 13,2 km   » 9 h   » schwer

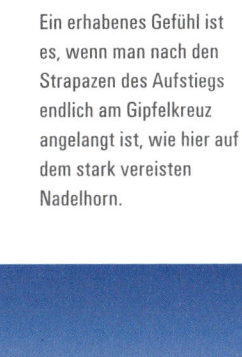

Ein erhabenes Gefühl ist es, wenn man nach den Strapazen des Aufstiegs endlich am Gipfelkreuz angelangt ist, wie hier auf dem stark vereisten Nadelhorn.

SCHWEIZ | WALLIS | MISCHABELHÜTTE

Kuriositäten der Mischabelhütte

Ist die Fahne an der Hütte gehisst und damit die Saison eröffnet, erreichen immer wieder Nachrichten von seltsamen Tierbeobachtungen das Tal. Die äußerst seltene Bergmöwe wurde bereits an verschiedenen Stellen rund um die Mischabelhütte gesichtet. In die Hochlage sollen sich in der Vergangenheit sogar Eisbären und rosa Hasen verirrt haben, Fotos beweisen es … öffentlich zugänglich in Sozialen Medien. Dass den Hüttenbetrieb die sympathische Mischung aus Freude an sportlicher Leistung, Ehrfurcht vor der Schönheit der Natur und reichlich Lebenslust prägt, wird spätestens jetzt klar. Da wird schon mal ein Fass voll Eis zum ultimativen Tauchbecken und die freigeräumte Terrasse zum E-Bike-Parcours. Immer frei nach dem Motto: »Wenn nicht jetzt, wann dann?«

Ob ein Hüttengast wirklich einmal einen rosa Hasen an der Mischabelhütte gesehen hat, kann man glauben oder nicht. Vielleicht war es nur eine durch das Heidekraut hervorgerufene optische Täuschung.

MISCHABELHÜTTE | WALLIS | SCHWEIZ 🇨🇭

SCHWEIZ | BERN

Die Behagliche

GAULIHÜTTE Wie ein Brüderpaar auf einem Familienfoto stehen die Bauten der Gaulihütte nebeneinander: Das »alte Hüttli« von Erfahrung gezeichnet, die jüngere kleiner und voll frischer Energie. Umgeben werden sie von Vergissmeinnicht, Knabenkraut und Enzian. Selbst die seltenen Schwefelanemonen findet man hier. Doch nicht deren zartgelbe Blüten machen die Hütte einzigartig, sondern vielmehr die zahlreichen Geschichten, die man über sie erzählen kann.

Bereits der Bau der Gaulihütte hat eine solche besondere Geschichte. 1894 verliebte sich ein Engländer in das Alpenpanorama und besonders in die Gauliregion mit ihren zahlreichen Gletschern und Seen. Carl Ludwig Lory, so der Name des Engländers, beschloss schließlich, eine Hütte in diese schöne Landschaft zu bauen, und die Bauerngemeinde schenkte ihm dafür sogar Land. Rund 10.500 Kilogramm schwer war das Material, das für den Bau der Hütte auf den Berg geschleppt werden musste – die Träger, die oft mehr als vier Stunden für den Aufstieg brauchten, waren sicher nicht zu beneiden. Ein Jahr später, 1895, konnte die Gaulihütte bereits eingeweiht werden. Doch Lory wollte diese nicht für sich allein beanspruchen und entschied sich schließlich, die Gaulihütte an den Schweizer Alpen-Club zu verschenken.

Seitdem hat sich viel getan, es kamen ein Erweiterungsbau, eine Solaranlage und einiges mehr hinzu, und selbst die Umgebung hat sich

← Beim Verlassen der Gaulihütte eröffnet sich den drei jungen Frauen ein sagenhafter Blick auf den Gauligletscher.

SCHWEIZ | BERN | GAULIHÜTTE

durch den Rückgang der Gletscher verändert. Einiges ist jedoch gleich geblieben: die urige Stimmung und das authentische Feeling, das sich einem jeden Besucher bietet. Das heißt: kein WLAN, dafür beste Verbindung zu den Mitmenschen, keine sprudelnde Wasserleitung, dafür Tee aus abgekochtem Gletscherwasser, anstrengender Aufstieg, dafür Gämsenmilch oder Bier als Belohnung und vieles mehr. Versorgt wird man mit der Herzlichkeit der Hüttenwarte Katrin und Roger und durch »Glutschigs« aus der Küche, das von deftigen Rösti bis zu saftigem Kuchen reicht. Abends gibt es sogar ein Drei-Gänge-Menü für die Tourengeher.

Danach wird es in der Gaulihütte gemütlich, wenn man sich auf der Holzbank am Ofen an die rot-weiß karierten Kissen lehnt und sich mit alten und neuen Freunden über die schönsten Momente beim Aufstieg unterhält oder den Geschichten übers Gauliweiblein und den Erzählungen über eine spektakuläre Rettungsaktion im Jahr 1946 lauscht. Oder man holt die Jass-Karten auf den Tisch, dann wird es heiter bis ausgelassen, und das gemeinsame Lachen erfüllt die schlicht und doch behaglich eingerichtete Stube.

Kraft für den nächsten Tag tankt man bei einer ruhigen Nacht in einem der vier Zimmer, die insgesamt 65 Schlafplätze bieten. Und am Morgen steht der Marschtee schon bereit. Während man sich an ihm wärmt, kann man den Blick über das erwachende Urbachtal schweifen lassen, das zur frühen Stunde nicht selten von tief hängenden Wolken ausgefüllt ist.

Wer sich nicht direkt an den Abstieg machen möchte, findet in der Region ausgezeichnete Möglichkeiten zum Klettern an

Eine kontrastreiche Kulisse: Auf der einen Seite des Gaulisees erstreckt sich der Gauligletscher, auf der anderen Seite erstrahlt die Bergwiese in bunten Blütenfarben.

KURZ ERFASST

TALORT Innertkirchen

LAGE 2.205 Meter ü.M.

OFFEN März bis Mai; Juli bis Mitte Oktober; Schutzraum ganzjährig geöffnet

ÜBERNACHTEN 65 Schlafplätze, beheizter Winterraum

ESSEN Marschtee am Morgen; tagsüber Deftiges wie Rösti, Suppe, Käse und Wurst; abends Menü aus drei Gängen; auf Wunsch bei Abreise Lunchpaket

GUT ZU WISSEN In der näheren Umgebung der Hütte sind neben tollen Kletterfelsen auch schöne Wasserfälle und sogar ein Flugzeugwrack zu finden.

GAULIHÜTTE | BERN | SCHWEIZ

Die Raumnutzung der Gaulihütte ist beispielhaft: Sogar im Dachboden finden Gäste einen Platz zum Schlafen.

griffigem Gneis und abwechslungsreiche Wege zum Wandern. Die abgeschiedene Lage macht die Gaulihütte zu einem idealen Ausgangspunkt für intensive Naturerlebnisse.

Für die Hüttenwarte ist die Lage jedoch auch eine Herausforderung. Das Essen wird beispielsweise per Hubschrauber eingeflogen, und das stille Örtchen ist eine Kompost-Toilette mit Verrottungsfunktion. Übrigens muss man im Winter nicht auf einen Besuch der Gaulihütte verzichten. Zwar wird sie ab Mitte Oktober bis Februar nicht bewartet, aber das »alte Hüttli« steht auch in dieser Zeit als Schutzraum zur Verfügung. Ganz in einem weißen Winter-Wonderland gefangen, hat die Gauliregion auch im Winter ihren Reiz. Die hartgesottenen Wandersfreunde, die zu dieser Zeit unterwegs sind, sind in der Regel abenteuerfreudig genug, um sich nicht nach einer Luxus-Unterkunft zu sehnen, sondern suchen genau das, was die Gaulihütte im Winter ausmacht: Gekocht wird auf Holz, das bereitliegt, es gibt kein fließendes Wasser, und der Schlafraum beherbergt 21 Gäste.

HÜTTENTOUREN

TOUR 1 WASSERFALLWEG
Wer von Innertkirchen zur Gaulihütte wandert, passiert den beeindruckenden »Wasserfallweg« und einen schönen Miniklettersteig.
» 1.880 HM   » 30 km   » 11 h   » schwer

TOUR 2 EWIGSCHNEEHOREN
Die (Ski-)Hochtour mit Gletscheraufstieg führt über den Gaulipass und eröffnet eine super Aussicht auf bekannte Viertausender.
» 1.200 HM   » 6 km   » 5 h   » mittel

TOUR 3 HANGENDGLETSCHERHORN
Der Hausberg der Gaulihütte gehört zwar nicht zu den höchsten Gipfeln des Gebietes, bietet aber eine lohnende Aussicht. Neben der Normalroute gibt es den Weg über den Chammligrat mit einer Kletterpassage.
» 1.100 HM   » 10 km   » 6 h   » schwer

🇨🇭 SCHWEIZ | BERN | GAULIHÜTTE

Dakota C-53

Wer sich mit der Geschichte der Schweizer Luftrettung auskennt, dem wird der Name »Gauli« nicht unbekannt sein. Denn der Gauligletscher erhielt 1946 weltweite Aufmerksamkeit durch eine tragische Geschichte, die zum Glück ein filmreifes Happy End besitzt und als Geburtsstunde der Schweizerischen Rettungsflugwacht gilt. Im November prallte eine amerikanische Dakota C-53 bei einem Flug über die Alpen auf dem Gletscher auf. Die anschließende Rettungsaktion dauerte sechs Tage und war eine Pionierleistung: Nie zuvor wurde in hochalpinem Gelände ein Versuch der Luftrettung unternommen. Umso erfreulicher ist, dass diese aus der Not entstandene Idee das Leben der zwölf Insassen retten konnte. Die Gaulihütte ist bis heute mit dieser Geschichte verbunden, und es werden von dort sogar Touren zur Absturzstelle angeboten.

→ Glück im Unglück: Die zwölf Insassen der amerikanischen Dakota, welche im November 1946 auf dem Gauligletscher abstürzte, konnten erfolgreich gerettet werden.

GAULIHÜTTE | BERN | SCHWEIZ

SCHWEIZ | TESSIN

Das Raumschiff

CAPANNA CORNO GRIES Wer eine Almhütte aus dunklen Holzbalken und niedrigem Dach oder ein Bauernhäuschen mit bunten Fensterläden sucht, sollte den Weg nicht in Richtung Corno Gries einschlagen. Sehr wohl sollten das jedoch alle, die später zu Hause gern staunende Reaktionen auf ihre Tourfotos bekommen möchten. »Wo bist du denn gewesen?«, könnte eine Frage sein – und die Antwort lautet: »Im Tessin! Obwohl es aussieht wie auf dem Mond.«

Karge Landschaft umgibt die Capanna Corno Gries. Von Granateinschlüssen durchzogener Schiefer prägt das Bild. Bäume sucht man in dieser Höhe vergeblich, nur etwas moosiges Gras überzieht hier und da die Hänge der schroffen Gipfel. Gletscher funkeln in der Sonne mit dem Griessee um die Wette, der sich türkisfarben dem Griesgletscher zu Füßen legt und aus ihm gespeist wird. Inmitten dieser Szenerie, rund drei Kilometer in Luftlinie vom Griessee entfernt, thront das außergewöhnliche Bauwerk der Capanna Corno Gries über dem Val Corno.

In den 1920er-Jahren wurde sie erbaut, doch seitdem immer wieder ausgebaut, erneuert und so schrittweise zu ihrem heutigen Aussehen verändert. Der wohl auffälligste bauliche Schritt fand 2007 statt und ist dem Architekten Silvano Caccia zu verdanken. Er machte aus einer »gewöhnlichen« Berghütte ein modernes Bauwerk, das zu Recht den Spitznamen »Raumschiff« erhielt. Beim Umbau wurde das Dach der Hütte entfernt und zunächst ein komplett verglastes

Ihr Aussehen macht die Capanna Corno Gries unverwechselbar. Futuristisch ragt sie aus der klassischen Berglandschaft aus Gipfeln und Blumenwiesen.

SCHWEIZ | TESSIN | CAPANNA CORNO GRIES

KURZ ERFASST

TALORT All'Acqua (Bedretto)

LAGE 2.338 Meter ü.M.

OFFEN März bis April; Mitte Juni bis Anfang/Mitte Oktober; Winterraum ganzjährig.

ÜBERNACHTEN 48 Betten in 8 Mehrbettzimmern, Winterraum mit 9 Matratzenlagern

ESSEN ausgiebiges Frühstück, tagsüber warme und kalte Speisen und Kuchen, alle Gerichte werden auf der Hütte zubereitet.

GUT ZU WISSEN Kinder sind in der Capanna Corno Gries ausdrücklich willkommen! Auch Vierbeiner kann man nach voriger Anmeldung mitbringen.

Sich auf einem Stein niederlassen und die Szenerie auf sich wirken lassen, gehört zum Pflichtprogramm bei einer Wanderung durch die Region des Corno Gries.

Stockwerk gebaut, auf das eine Holzkonstruktion aufgesetzt wurde, die auf den ersten Blick an ein umgedrehtes Dach erinnert. Inmitten der kargen Mondlandschaft hat dies nicht nur eine entsprechende extraterrestrische Wirkung auf die Betrachter, sondern zudem ganz praktische Gründe, denn die Dreiteilung findet sich auch im inneren Aufbau der Hütte wieder. Im mittleren Stockwerk beispielsweise befindet sich der Speise- und Aufenthaltsraum. Dank der umgebenden Glaswand hat man von hier eine wunderbare 360-Grad-Rundumsicht – ideal also für alle, die sich auf dem Weg zur Hütte gar nicht sattsehen konnten an der eindrucksvollen Landschaft unmittelbar an der Grenze vom schweizerischen Tessin zum italienischen Piemont.

Doch auch der schönste Tag neigt sich irgendwann dem Ende zu. Und wenn schließlich der letzte Sonnenstrahl hinter den Gipfeln des Gotthardmassivs verschwunden ist, geht es für die Wanderer ein Stockwerk hinauf. Hier, in dem hölzernen »Dach auf dem Kopf«, befinden sich acht Zimmer, in denen die Übernachtungsgäste untergebracht sind. Allzu traurig, dass man die Aussicht auf das Bergpanorama verlassen muss, wird man spätestens, wenn man sich auf die bequemen Betten fallen lässt, nicht

CAPANNA CORNO GRIES | TESSIN | SCHWEIZ

mehr sein. Dann kann sich der Körper endlich von der anstrengenden Wanderung erholen, und die Bilder der kargen Umgebung werden sicher in den Träumen wieder auftauchen.

Spätestens beim Blick auf die Speiskarte zeigt sich, dass die Bezeichnung »Alpenraumschiff« etwas aus der Luft gegriffen ist. Denn worauf sich die Wandernden immer verlassen können, ist, dass das Essen nichts mit der streng rationierten, in speziellen Kunststoffhüllen verpackten Nahrung zu tun hat, mit der sich Astronauten begnügen müssen. Sowohl Regionalität als auch Saisonalität und Bio-Qualität sind Begriffe, die auf der Capanna Corno Gries großgeschrieben werden. Und dass es hausgemacht am besten schmeckt, wissen die Wirte sowieso, deshalb wird grundsätzlich alles in der Hütte frisch zubereitet. Nach dem erholsamen Schlaf beginnt man den nächsten Tag also mit Brot aus selbst gemahlenem Bio-Getreide und Honig oder bestem Alpkäse. Tagsüber stärkt man sich mit Aufschnitt, Gnocchi oder Polenta. Essen und einmalige Lage verleiten, nicht gleich wieder an den Abstieg zu denken, sondern länger im »Raumschiff« zu bleiben. Aber auch Alpenastronauten müssen irgendwann heimkehren.

HÜTTENTOUREN

TOUR 1 BLINNENHORN
Von der Hütte aus wandert man über Corno-, Gries- und Rothornpass hinweg auf das Blinnenhorn durch eine beeindruckende aber auch von tückischen Spalten geprägte Gletscherlandschaft.
» 1.090 HM   » 12 km   » 6,5 h   » mittel

TOUR 2 VIER-QUELLEN-WEG
In fünf Etappen erschließt der Vier-Quellen-Weg das wunderschöne Gotthardmassiv und kommt an der Capanna Corno Gries vorbei. Man kann also von hier aus einen Teil des Weges nach Belieben wandern.
» 4.160 HM   » 80 km   » 29 h   » mittel

TOUR 3 GRIESHORN
Zwar ist der Weg von der Hütte um das Kleine Grieshorn herum auf das Grieshorn nicht weit, führt jedoch über weite Geröllfelder, für die Erfahrung und Sportlichkeit gefragt sind.
» 750 HM   » 4 km   » 2 h   » schwer

Nicht nur Wanderer wissen um die Gegend und den Nufenenpass zu schätzen. Am Wegesrand treffen sie auch auf die kuscheligen Walliser Schwarznasenschafe.

SCHWEIZ | TESSIN | CAPANNA CORNO GRIES

Geheimrezept der Capanna

Wer nach der Rückkehr immer wieder vom köstlichen Essen schwärmt, kann es sich zu Hause ein bisschen zurückholen. Die Capanna Corno Gries hat nämlich ihr Hausrezept für »Il tortino al cioccolato fondente«, verführende Törtchen aus dunkler Schokolade, verraten:

Zwei Eier und 50 Gramm Zucker cremig schlagen. 100 Gramm Butter und 100 Gramm Zartbitterschokolade in einem Wasserbad schmelzen und anschließend mit 30 Gramm Mehl verrühren. Alles unter die Mischung aus Eiern und Zucker heben. Nun in fünf kleine mit etwas Kakao ausgestreute Förmchen gießen und für fünf Stunden in den Kühlschrank stellen. Danach bei 210 Grad für sieben Minuten im vorgeheizten Ofen backen, zwei Minuten auskühlen lassen und auf die Teller stürzen.

Serviert werden die traumhaften Törtchen auf der Hütte mit Eis oder frischen Beeren.

Frische Beeren und Eis sind das Sahnehäubchen auf den köstlichen Schokoladetörtchen, die in der Capanna Corno Gries hausgemacht auf den Tisch kommen.

CAPANNA CORNO GRIES | TESSIN | SCHWEIZ 🇨🇭

🇨🇭 SCHWEIZ | URI

Das Kinderparadies

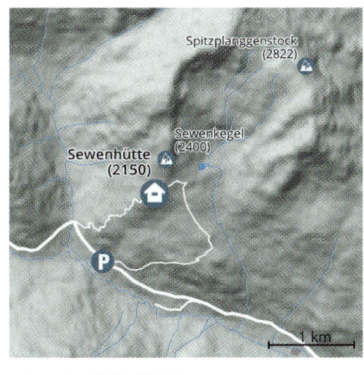

SEWENHÜTTE Zwergenweg, Heidelbeeren, Badesee, Klettergärten und eine luftige Seilrutsche. Die Sewenhütte in den Urner Alpen hat sich zu einem wahren Kinder- und Familienparadies entwickelt. So verwundert es nicht, dass man als Kletterer und Hochtourengänger die Hütte mit Familien oder gar ganzen Schulklassen teilt.

Wir haben den schweren Kletter- und Hochtourenrucksack dabei, als wir uns auf dem Hüttenweg hinaufarbeiten. Mehrere Tage wollen wir auf der Sewenhütte in den Urner Alpen verbringen. Und schon in den ersten Minuten nach dem Ankommen fühlen wir uns durch die nette Begrüßung des Hüttenwartpaares sowie dem leckeren Willkommenstrunk gut aufgenommen und geborgen.

Wir merken schnell, dass wir hier oben eher als Exoten gelten. Im Rahmen einer Schulfahrt besuchen gleich mehrere Klassen die Sewenhütte, somit geht es während unseres Aufenthalts sehr lebhaft zu. Im direkten Hüttenumfeld befinden sich mehrere Kletterfelsen und Klettergärten, an denen sich die Kinder so richtig austoben können. Der nahe gelegene Sewensee bietet Abkühlung und die Möglichkeit zum Planschen, auch wenn das Wasser etwas kalt ist. Mit dem Boot am See geht es zu einer Paddelrunde. Ein besonderes Highlight ist die Seilrutsche vor der Hütte. Es ist also nicht verwunderlich, dass man hier auf viele Kinder trifft.

Aber nicht nur für die Kleinen bietet die charmante Hütte der SAC-Sektion Pfannenstiel ein tolles Angebot, auch für Erwachsene ist die

Gleich neben der Sewenhütte ist eine sogenannte Tyrolienne installiert, an der Kinder am Seil über Wiesen und einen schmalen Graben hinwegrutschen können.

gemütliche, urige Schweizer Berghütte unbedingt einen Besuch wert.

Für den gewissen Komfort sorgt eine warme Dusche, selbst wenn diese wegen des Wassermangels in den Bergen nur sparsam genutzt werden sollte. Das Warmwasser wird über einen Holzofen und eine Solaranlage aufbereitet.

Mindestens ebenso wichtig ist die Verpflegung. Angeboten werden einfache und leckere Gerichte wie das deftige Sewenplättli, die Meientaler Kartoffelpfanne oder süße Älpermagronen, die mit Apfelmus serviert werden. Das Frühstück mit Cornflakes und Schokoladenaufstrich aus dem üppigen XXL-Glas erfreut wiederum besonders die kleinen Gäste.

Rund um die Hütte ist besonders für Kraxelfreunde einiges geboten: Man kann sich entscheiden zwischen den relativ einfachen Klettereien am Sewenkegel, den steilen Touren am Sewenhorn-Westgratturm und den scheinbar nie endenden Klettereien am Hochsewen-Südgrat.

KURZ ERFASST

TALORT Gorezmettlenbach

LAGE 2.148 Meter ü.M.

OFFEN Anfang Juni bis Mitte Oktober, bei gutem Wetter auch an Ostern

ÜBERNACHTEN 60 Schlafplätze (auch Familienzimmer), beheizter Winterraum

ESSEN Einfache Speisekarte mit typischen Gerichten der Region.

GUT ZU WISSEN Man sollte sich auf Kindergruppen einrichten. Badezeug, Kletter- und Hochtourenausrüstung nicht vergessen.

SEWENHÜTTE | URI | SCHWEIZ

In unmittelbarer Nähe der Hütte sind mehrere Klettergärten vom 3. bis zum 6. Schwierigkeitsgrad eingerichtet. Klettermaterial kann teilweise ausgeliehen werden.

Wenn die Kinder glücklich sind, sind es die Eltern auch. Das Konzept der Hüttenwirte Ursi und Walter scheint aufgegangen zu sein.

Der Hochtourengänger findet am Bächenstock eine ideale Einstiegstour. Hier hat man die Möglichkeit, erstmals einen Dreitausender zu besteigen. Wer das nicht möchte, kann den Spitzplanggstock erklimmen. Die Wanderung wartet zwar mit einer T3/T4-Schwierigkeit auf, kann aber mit etwas erfahreneren Kindern und entsprechender Vorsicht durchaus begangen werden.

Erst beim Abstieg von der Hütte fallen uns die vielen Heidelbeeren am Hüttenweg auf. Zu schwer waren wohl unsere Rucksäcke beim Aufstieg, um auf die Besonderheiten der Naturlandschaft zu achten. Für Kinder sind die leckeren Beeren natürlich eine große Freude, was wohl in der Zeitplanung berücksichtigt werden muss. Ebenfalls spannend für Kinder ist der Zwergenweg, der am Hüttenzustieg eingerichtet wurde. Alle diese Zutaten führen dazu, dass die Sewenhütte wohl eine der besten Familien- und Kinderhütten der Schweiz ist. Ideal für die ersten Schritte als Bergsteiger in Fels und Eis.

HÜTTENTOUREN

TOUR 1 ZWERGENWEG
Von Gorezmettlen steigt man durch einen Begwald auf, bis man schließlich dem Themenweg Zwergen zur Sewenhütte folgt.
» 620 HM » 6 km » 2,5 h » leicht

TOUR 2 SUSTLIHÜTTE
Über den landschaftlich abwechslungsreichen Höhenwanderweg führt der Übergang an den Steilwänden des Chli Spannort vorbei.
» 600 HM » 6,5 km » 4 h » mittel

TOUR 3 GURTNELLEN DORF
Die alpine Route windet sich über das Rot Bergli, senkt sich hinab ins einsame Gornerental und führt zum Bergdorf Gurtnellen.
» 320 HM » 13 km » 5 h » schwer

HÜTTENBUCH

HÜTTENBUCH

Hütten all over

Der Blick über den Tellerrand: spektakuläre Hütten in der Welt der Berge von den Anden bis nach Neuseeland

Nach der Erschließung der Alpen erfolgte die Errichtung erster Hütten und Schutzhäuser außerhalb des europäischen Gebirgskamms. Einige spektakuläre Exemplare gilt es unbedingt zu entdecken. Die älteste Hütte des Mount Cook National Parks auf Neuseeland ist beispielsweise das Sefton Bivvy, welches mit vier kleinen Kojen Kletterern und Gletscherwanderern Platz zum Schlafen bietet. Auch viele andere bekannte Berge dieser Welt sind mit beeindruckenden Schutzhütten ausgestattet: Am Chimborazo steht auf über 5.000 Metern das Refuge Whymper, benannt nach dem legendären Erstbesteiger des Matterhorns. Die Piedra Grande Hütte ist Stützpunkt für den Pico di Orizaba in Mexiko, und die Neltner Hütte gilt als Basislager für Trekkingtouren im Hohen Atlas in Marokko. Am berühmten Fuji in Japan finden sich gleich 40 Hütten für die Besteigung des heiligen Vulkans.

Schon seit Generationen bietet der Sefton Biwak unterhalb des Mount Footstool Schlafplätze für vier Personen.

SCHWEIZ | GRAUBÜNDEN

13

Die Perfekte

TERRIHÜTTE Die Umgebung: ein Traum. Die Hütte: ganz genauso. Wildnis pur verspricht die Greina-Hochebene, die nicht zu Unrecht gern mit Nordschweden oder auch nordamerikanischen Nationalparks verglichen wird. Und hier wartet die Terrihütte auf ihre Gäste. Sie bietet für über 100 Wanderer einen bequemen Schlafplatz. Toni, der Hüttenwart, gibt für jeden sein Bestes und weiß mit Ratschlägen und köstlichem Essen den Aufenthalt zu perfektionieren.

Je nachdem, welchen Weg man wählt, kann die Wanderung bis zur Terrihütte einen ganz schön ins Schwitzen bringen. Umso mehr freut man sich, wenn man schlussendlich die Hütte erreicht hat. Dann ist es erst einmal an der Zeit, die festen Wanderschuhe gegen hoffentlich mitgebrachte Sandalen zu tauschen und mit allen zehn Zehen zu wackeln, bis sie sich wieder ganz frei und wohl fühlen. Dies getan, lässt man sich ganz entspannt auf der Terrasse nieder und stillt den Durst mit einem Radler oder Apfelsaftschorle. Dabei lernt man sicher auch die ersten Gleichgesinnten kennen, und ehe man sich's versieht, tauscht man Berichte über die heutige Wanderung aus – manch einer kann vielleicht sogar von einer Begegnung mit einem kuscheligen Murmeltier erzählen – und teilt den letzten Rest des Wegeproviants miteinander. Oder ist schon alles aufgegessen worden beim Marsch zur Hütte? Kein Problem! Mit dem hausgebackenen Nusskuchen oder dem legendären

← Wenn der Nebel sich langsam über die Gipfel zieht, sollte man die letzten Schritte zur Terrihütte etwas zügiger nehmen – nicht nur, weil das Abendessen wartet.

SCHWEIZ | GRAUBÜNDEN | TERRIHÜTTE

KURZ ERFASST

TALORT Sumvitg

LAGE 2.170 Meter ü.M.

OFFEN Mitte Juni bis Mitte Oktober

ÜBERNACHTEN 110 Schlafplätze in 12 Mehrbettzimmern, 22 Lager im Winterraum

ESSEN klassisches Frühstück, dreigängiges Abendessen und tagsüber süße Grüße aus der Backstube, Lunchpakete auf Anfrage

GUT ZU WISSEN Hüttenschlafsäcke sind mitzubringen. In der Terrihütte gibt es keine Duschen.

In das Idyll der Greina-Ebene gehört natürlich auch eine Kuhherde, die sich über das saftige Gras vermutlich mehr freut als über den Panoramablick, der hier geboten ist.

Greinakuchen bekommt man neue Energie. Vor lauter Essen und Unterhalten sollte man jedoch nicht vergessen, einen weiten Blick über die Umgebung schweifen zu lassen. Denn die Aussicht ist der Hauptgrund, warum man sich nicht sofort ins Innere der Hütte begeben sollte, sondern solange es das Wetter zulässt, besser einen Platz auf der Terrasse einnimmt. Von hier blickt man hinab ins Val Sumvitg und hinauf zum Tödi. Und selbst der routinierteste Wanderer wird sich kaum sattsehen können an diesem Panorama.

Sattsehen ist die eine Sache, satt essen die andere – Letzteres ist zum Glück kein Problem dank der hervorragenden Bewirtung. Ab 19 Uhr wird das Abendessen aufgetischt. Es besteht aus Suppe, Salat, einem schmackhaften Hauptgang, und zum Abschluss gibt es ein Dessert. So gestärkt, kann man anschließend noch die Spielkarten auspacken oder sich wieder mit den anderen Gästen unterhalten. Auch das Hüttenwart-Ehepaar Doris und Toni gibt gern Anekdoten zum Besten oder unterstützt bei der Planung der weiteren Wegstrecke. Übrigens bietet die Hütte ihren Gästen abends auch ein Glas Wein an – ein Luxus, den man auf Hütten meistens nicht erwarten kann.

TERRIHÜTTE | GRAUBÜNDEN | SCHWEIZ

Irgendwann sollte man sich dann jedoch ins Bett begeben, denn für die meisten wird auch am nächsten Tag eine herausfordernde Wanderung auf dem Programm stehen. Gerade Brillenträger werden hier eine Kleinigkeit vermissen: Es gibt keine Ablagefläche direkt an den Betten. Also am besten die Brille im Rucksack verstauen, bevor man sich unter die warme Decke kuschelt.

Der nächste Morgen beginnt auf der Terrihütte mit einem klassischen Frühstück, bestehend aus Brot, das auf der Hütte frisch gebacken wird, dazu Käse, Marmelade und Butter. Auch Müsli kann man wählen, und zum Munterwerden gibt es reichlich frischen Kaffee. Wer am Vortag ein Lunchpaket bestellt hat, packt seine Sandwiches ein, und viel zu bald heißt es Abschied nehmen von dieser besonderen Unterkunft.

Im Winter, wenn die Terrihütte nicht bewartet wird, steht Wanderern ein Schutzraum mit 22 Schlafplätzen zur Verfügung. Dann ist ein Aufenthalt ein besonderes Erlebnis. Es hat schon etwas von einem großen Abenteuer, wenn man nach einer Winterwanderung in einer nicht bewarteten Hütte sein Essen auspackt und in der verschneiten Bergwelt ganz allein mit sich ist.

HÜTTENTOUREN

TOUR 1 PIZ VIAL
Zunächst geht es von der Hütte aus durch die Greinaebene, dann wird der Gipfel des Piz Vial über den Westgrat bestiegen und erklettert. Der Abstieg erfolgt über die Südflanke. Bei guter Schneelage auch als Skitour möglich.
» 1.050 HM   » 6,4 km   » 4 h   » mittel

TOUR 2 LAGO DI LUZZONE
Zum erfrischenden Bergsee führt der Weg von der Terrihütte durch die Greinaebene westlich am Muot la Greina vorbei über den Crap la Crusch. Unterwegs einkehren kann man in der Campanna Motterascio.
» 370 HM   » 13,6 km   » 5 h   » leicht

TOUR 3 KRONENWANDERUNG
Die als neunte Etappe der eindrucksvollen Kronenwanderung bekannte Strecke führt von der Terrihütte über die Fuorcla Sura da Lavaz und kleine Gletscher zur 2.524 Meter hoch gelegenen Medelserhütte.
» 970 HM   » 12 km   » 5 h   » schwer

Laut rauschend kündigt sich der Wasserfall schon an, bevor man ihn sieht. Besonders schön ist der Anblick, wenn die Alpenvegetation rundherum in Blüte steht.

SCHWEIZ | GRAUBÜNDEN | TERRIHÜTTE

Biwakieren in der Hütte

Als 2007 eine umfassende Renovierung für die Terrihütte anstand, holten sich die Hüttenwarte den Architekten Gion A. Caminada mit ins Boot. Ziel war, den Aufenthalt zu etwas ganz Besonderem zu machen und die Terrihütte damit noch ein wenig perfekter. Und letzlich hatten sie die zündende Idee: Anstatt alle Betten in den für Berghütten typischen großen Schlafsälen aufzustellen, zog man Wände ein und schuf individuelle Räume, in denen mal vier und mal mehr Betten Platz fanden. Aber damit nicht genug. Auch eine weitere innovative Idee wurde umgesetzt. Im Untergeschoss des neueren Teils des Gebäudes wurden sogenannte »Biwakzimmer« eingerichtet, deren Schlafkojen dank Trennwänden und zum Freien hin öffenbaren Fenstern sofort ans Zelten erinnern!

Schon früh am Morgen brennen in der Terrihütte die Lichter. Ob die Gäste in den innovativen Zimmern der Hütte wohl gut geschlafen, beziehungsweise »biwakiert« haben?

TERRIHÜTTE | GRAUBÜNDEN | SCHWEIZ 🇨🇭

SCHWEIZ | APPENZELL

Die Nostalgische

← Die Gipfellage auf dem Schäfler sorgt für eine grandiose Aussicht. Atemberaubend ist die wilde Landschaft hier im Alpstein.

BERGGASTHAUS SCHÄFLER Der Alpstein ist ein kleines, feines und auch wildes Gebirge in den östlichen Schweizer Alpen, der Schäfler ein kleinerer Berg im nördlichen Teil des Gebietes. Seit über 100 Jahren steht auf seinem Gipfel das Berggasthaus Schäfler, das uns mit seiner nostalgischen Einrichtung teilweise in seine Erbauungszeit zurückholt.

Wir sitzen am Berggasthaus Schäfler und wärmen uns in der herrlichen Herbstsonne. Obwohl es bereits Anfang November ist, haben ihre Strahlen noch erstaunlich viel Kraft. Nach dem heutigen Morgen ist das genau das Richtige. Bitterkalt war es beim Start am Parkplatz in Wasserauen, der für einen Wochentag im November ungewöhnlich gut gefüllt war. Aber die vielen Wanderer verteilten sich schnell auf die unterschiedlichsten Wege. Nur wenige wählten wie wir die Route über die Alpe und schließlich den Schäfler.

Endlich am Berggasthaus angekommen, wird man sofort von dem Zauber des Ortes gefangen genommen. Völlig frei ist hingegen die Rundumsicht auf den Alpstein und das Appenzeller Land. Man kann sich vorstellen, wie grandios ein Sonnenuntergang hier oben sein muss.

Es ist ein wunderbares Erlebnis, im Berggasthaus Schäfler zu übernachten. Nicht nur der Sonnenaufgang begeistert, auch die nostalgischen Doppelzimmer, welche seit der Erbauung der Hütte im Jahr 1914 nicht verändert wurden. Auf den Zimmern gibt es kein

SCHWEIZ | APPENZELL | BERGGASTHAUS SCHÄFLER

Waschbecken, dafür stehen Wasserkrüge mit Waschschüsseln bereit. Genauso wie es eben vor 100 Jahren war.

Die Mehrbettzimmer hingegen wurden modernisiert und versprühen genau die Gemütlichkeit, die man in einer richtigen Berghütte erwartet.

Verwöhnt wird man von den Wirtsleuten mit leckeren lokalen Gerichten wie Rösti oder Siedwurst. Auch der berühmte Käse der Region, der würzige Appenzeller, fehlt nicht auf der Karte. Besonders erfreulich ist, dass man die deftige Brotzeit direkt auf der Terrasse verzehren kann und so nicht einmal beim Essen den Blick von dem beeindruckenden Panorama lösen muss. Und wenn das Wetter einmal nicht ganz mitspielt, lässt es sich auch hervorragend in der – wie die Schweizer sie beschreiben – urgemütlichen Stube sitzen und speisen.

Als Franz Döring die Hütte einst erbaute, musste das ganze Baumaterial von Maultieren

KURZ ERFASST

TALORT Wasserauen

LAGE 1.920 Meter ü.M.

OFFEN Juni bis Oktober

ÜBERNACHTEN 15 Betten in Ein- oder Mehrbettzimmern, 70 Matratzenlager

ESSEN gute Appenzeller Küche mit heimischen Spezialitäten

GUT ZU WISSEN Leichter Zugang von der Ebenenalp-Seilbahn. Alternativweg erfordert gutes Schuhwerk, Trittsicherheit und ein gewisses Level an Kondition.

BERGGASTHAUS SCHÄFLER | APPENZELL | SCHWEIZ

Am Rotsteinpass zieren die leuchtenden Farben unzähliger Blumen den Weg und laden zum Innehalten und Bewundern ein.

Die zum Teil sehr schmalen Wege rund um den Schäfler sind nicht selten mit Seilen ausgestattet, um die Wanderer abzusichern.

auf den Schäfler getragen werden, um hier oben verbaut zu werden. Glücklicherweise müssen heute keine Maultiere mehr den Transport übernehmen. Dank dem Bau einer Transportseilbahn, die in den 1960er-Jahren errichtet wurde, ist die Versorgung mit Lebensmitteln und Ähnlichem nun deutlich einfacher. Wenige Jahre später wurde auch ein Stromanschluss verlegt, der heute von Diesel-Notstromaggregaten gespeist wird.

Wir sind etwas verwundert, wie viel hier oben los ist. Schließlich war unser Anstieg doch ziemlich anspruchsvoll. Beim Abstieg wird uns allerdings bewusst, wie einfach der Weg von der Bergstation der Seilbahn zur Ebenenalp ist. In nur einer Stunde wandert man auf einfachem Weg hier herauf. Eine gute Möglichkeit, das Bergerlebnis am Schäfler zu genießen. Wenn auch nicht ganz so eindrucksvoll wie auf unserem Weg.

HÜTTENTOUREN

TOUR 1 ÖHRLIKOPF
Eine schöne, nicht allzu anstrengende Wanderung führt auf den Öhrlikopf, die Beschilderung ist gut und dicke Stahlseile helfen an vielen Stellen den weniger Geübten.
» 306 HM » 3,1 km » 1,5 h » leicht

TOUR 2 RUNDWEG MIT SEEALPSEE
Eine ausgiebige und abwechslungsreiche Rundwanderung verläuft vom Schäfler an Wildkirchli vorbei und durch Wasserauen hindurch an den Seealpsee. Nach einem erfrischenden Bad in dem See, geht es über die Altenalp wieder zurück auf den Schäfler.
» 1.155 HM » 12 km » 7 h » mittel

SCHWEIZ | APPENZELL | BERGGASTHAUS SCHÄFLER

Die Heimat eines Riesen

Der bekannte Geologe Albert Heim bezeichnete den in der Oststein gelegenen Alpstein einst als das schönste Gebirge der Welt. Und das kommt nicht von ungefähr: Mit seinen steilen Grasflanken und den drei tiefblauen Bergseen ist er wahrhaftig ein Juwel. So ist es wenig verwunderlich, dass sich einer Legende nach der Riese Säntis diese wundervolle Gegend als Wohnort ausgesucht haben soll. Der Sage zufolge legte dieser sich, wenn er müde war, in seinem Bett, dem heutigen Schwendibachtal nieder, wobei die grünen Almweiden der Meglisalp ihm als Kopfkissen dienten. Dort, wo der Riese beim Aufstehen seinen Ellbogen einstemmte, formte sich der Seealpsee. Die vielen einsam gelegenen Häuser im Appenzeller Land sollen entstanden sein, als ein Bauer mit seiner Sense in den Beutesack des Riesen, in dem er zuvor die Häuser der Menschen eingesammelt hatte, um mit ihnen zu spielen, einen Schlitz schnitt. Die aus dem Riss herausfallenden Häuser wurden weit über das ganze Land verstreut. Nach diesem Vorfall wurde der Riese nie wieder gesehen.

Die Legende rund um den Riesen Säntis, der auch dem bekannten Gipfel seinen Namen gab, bräuchte es eigentlich gar nicht, denn mystisch genug ist die Landschaft.

BERGGASTHAUS SCHÄFLER | APPENZELL | SCHWEIZ

🇱🇮 LIECHTENSTEIN

Fürstentum und Treuhandwesen – mit diesen Begriffen wird man Liechtenstein wohl als erstes assoziieren. Was außerdem die meisten wissen: Liechtenstein ist verhältnismäßig klein. Nur fünf Länder auf der ganzen Welt haben eine geringere Fläche als Liechtenstein. Es deshalb in Reiseplanungen zu vernachlässigen, wäre nicht nur unfair, sondern es würde einem auch die wunderschöne Landschaft entgehen, die dieser Alpenstaat zu bieten hat. Klar, die Auswahl an Berghütten ist nicht gerade groß, doch mit der Pfälzer Hütte besitzt der Liechtensteiner Alpenverein eine Hütte, die für eine Tageswanderung ebenso geeignet ist wie als Etappenziel bei einer mehrtägigen Wanderung. So führt beispielsweise auch eine Route des Wegenetzes Via Alpina hier vorbei. Und nach einer Wanderung in Liechtenstein wird man sicher die Assoziationsliste zum Fürstentum um weitere Begriffe ergänzen wie »Idyll« oder »Panoramaaussichten«.

Einzelne bunte Blumen wachsen am Wegesrand, ansonsten dominiert das Grün in vielen Teilen des traumhaft schönen Rätikons.

LIECHTENSTEIN | TRIESENBERG

15

Die Einzige

Das steinerne Hauptgebäude der Pfälzerhütte und das als »Adler« bezeichnete Nebengebäude mit dem Winterraum ist von sanftem Grün umgeben.

PFÄLZERHÜTTE Als 1928 durch den Zusammenschluss von neun Pfälzer Alpenvereinssektionen unterhalb des Naafkopfes ein zweigeschossiges Bruchsteinmauergebäude errichtet wurde, erhielt das kleine Fürstentum Liechtenstein seine erste und damals einzige Berghütte: die Pfälzerhütte.

Die Sonne scheint, der Schnee glitzert, aber die Pfälzerhütte ist heute leider verschlossen. Das ist auch kein Wunder, schließlich ist es März, und die Hütte öffnet nur im Sommer ihre Türen. Wir haben sie im Rahmen einer Skitour von Malbun über den Augstenberg trotzdem kurz besucht. Nach einer Pause fahren wir zum gelungenen Abschluss der Tour über unberührte Pulverschneehänge durch das wunderschöne Valünatal ab.

Im Sommer tummeln sich hier Wanderer und Mountainbiker, die beim gastlichen Pächter René Keel einkehren, einfache Gerichte wie Käsplättli genießen und in der schönen Natur entspannen. René übernahm die Hütte erst vor Kurzem von Elfriede Beck, deren Lebensmittelpunkt sie für viele Jahre war. Die Südtirolerin kam als Sechzehnjährige nach Liechtenstein, arbeitete zunächst in einem Café, lernte den regionalen Dialekt und bewirtschaftete die Pfälzerhütte anschließend über viele Jahre.

Neun Pfälzer Sektionen hatten sich 1928 dazu entschlossen, im liechtensteinischen Teil der Alpen an der Grenze zu Österreich und der Schweiz ein Schutzhaus zu bauen und somit die erste und damals auch einzige Hütte im

LIECHTENSTEIN | TRIESENBERG | PFÄLZERHÜTTE

KURZ ERFASST

TALORT Malbun

LAGE 2.108 Meter ü.M.

OFFEN Mitte Juni bis Mitte Oktober

ÜBERNACHTEN 11 Betten, 51 Matratzenlager, 20 Notlager

ESSEN einfache Gerichte, meistens nur ein Hauptgericht

GUT ZU WISSEN Einfache, gemütliche und kleine Hütte auf 10 x 13 Metern im schönen Bettlerjoch.

Das Rätikon ist vielleicht nicht allen gleichermaßen bekannt, doch die Wanderungen dort führen durch Berglandschaften, in deren Idyll auch Kühe nicht fehlen dürfen.

Fürstentum zu errichten. Im Zweiten Weltkrieg wurde das Schutzhaus mehrfach geplündert und beschädigt und geriet letztlich in Vergessenheit. Erst 1950 erfolgte die Wiedereröffnung. Die Pfälzerischen Sektionen erhielten 1963 ein Vorkaufsrecht für die Hütte, das 1980 aufgelöst wurde. So ist sie weiterhin im Besitz des Liechtensteiner Alpenvereins und wird von ihm liebevoll betreut. Das kleine Schutzhaus ist immer noch eine gemütliche und ursprüngliche Berghütte, die nur rund 60 Personen Platz bietet. Das passt irgendwie gar nicht zu den großen Gebäuden des Finanzplatzes Liechtenstein. Aber uns soll es recht sein, die Bescheidenheit steht der Pfälzerhütte gut. Sowieso lassen sich schöne Momente schließlich nicht in Geld umrechnen. Und solche schönen Momente wird man hier mit Sicherheit erleben. Zum Beispiel, wenn man auf der Terrasse sitzend den Blick über die grünen Wiesen schweifen lässt.

Heute gilt die Pfälzerhütte nicht mehr als Liechtensteins »Einzige«. Zu ihr hat sich die zum Alpenverein gehörende Gafadurahütte gesellt.

PFÄLZERHÜTTE | TRIESENBERG | LIECHTENSTEIN

Hüttengipfel ist neben dem Augstenberg der Naafkopf, immerhin 2.570 Meter hoch. Er steht direkt auf dem Grenzdreieck Liechtenstein, Schweiz und Österreich. Spannendstes Ziel ist aber die Vordere Grauspitze, die mit 2.599 Metern der höchste Berg Liechtensteins ist und somit zu den Seven Summits der Alpen zählt, den höchsten Gipfeln der sieben Alpenländer Slowenien, Österreich, Italien, Schweiz, Frankreich, Deutschland und Liechtenstein. Trotz seiner verhältnismäßig geringen Höhe darf der Gipfel nicht unterschätzt werden. Das Gelände ist steil, abschüssig und ausgesetzt.

Gerade als Stützpunkt einer mehrtägigen Wandertour spielt die Pfälzerhütte ihre Stärken aus. Auf eindrucksvollen Wegen wandert man zum Beispiel zur Mannheimer Hütte auf der Westseite der Schesaplana oder zur Schesaplanahütte auf der Südseite. Das gute Schweizer und Liechtensteiner Busnetz bietet problemlose Rückkehrmöglichkeiten nach Malbun und somit dem fantasievollen Wanderer jede Menge Möglichkeiten, mehrere Hüttenerlebnisse aneinander zu reihen.

HÜTTENTOUREN

TOUR 1 VIA ALPINA – ROTER WEG
Das grenzüberschreitende Wegenetz der Via Alpina läuft durch alle Alpenstaaten. Der Rote Weg führt direkt an der Pfälzerhütte vorbei. Von hier geht es mit der 59. Etappe weiter zur Schesaplana Hütte. Zwar ist diese Strecke nicht allzu weit, doch immerhin überquert man zwei Landesgrenzen. Wem das nicht reicht, der läuft den gesamten Roten Weg von Triest bis Monaco durch alle acht Alpenländer.
» 353 HM   » 8,6 km   » 3,5 h   » mittel

TOUR 2 PANORAMAWEG
Dieser Höhenweg hält, was sein Name verspricht! Die erste Etappe des Panoramawegs Nr. 66 in Gegenrichtung beginnt bei der Pfälzerhütte, führt auf den Augstenberg, über den Fürstin-Gina-Weg und bis nach Malbun.
» 285 HM   » 7,7 km   » 3,5 h   » mittel

Bereits auf dem Weg zum Gipfel weiß man, warum der Höhenweg schlicht »Panoramaweg« genannt wird. Endlich oben angekommen, kann man nochmals weiter blicken.

🇩🇪 DEUTSCHLAND

Chiemgauer Alpen, Estergebirge, Allgäu – Deutschlands Süden ist geprägt von den herrlichsten Berglandschaften. Vom Norden her kommend, bauen sie sich immer mehr auf, und aus dem Voralpenland wird zunehmend ein Gebirge. Schließlich ist man umringt von der inspirierenden Szenerie aus hohen Gipfeln und grünen Tälern, die Luft ist erfüllt vom Klang der Kuhglocken und dem Duft von Freiheit.

Natürlich ist es nicht immer ein Vergnügen, in den Bergen unterwegs zu sein. Regenwetter, Steilaufstiege und fehlende Wegweiser können die Laune strapazieren. Umso schöner ist es dann, in einer Hütte anzukommen, die nicht nur eine stärkende Mahlzeit und einen Schlafplatz bietet, sondern auch herzliche Gastfreundschaft, dank der jede Anstrengung schnell wieder vergessen ist.

Wunderschöne Aussicht auf dem Weg zum Schrecksee in den Allgäuer Alpen. Im Hintergrund ist der kleine, zauberhafte Kurort Bad Hindelang im Ostrachtal zu sehen.

DEUTSCHLAND | BAYERN

Die Moderne

Dank ihrer hochalpinen Lage genießt man vom Waltenberghaus eine grandiose Sicht auf den Allgäuer Hauptkamm.

WALTENBERGERHAUS Hoch über dem Bacherloch thront das Waltenbergerhaus, die helle Holzkonstruktion leuchtet einem Wanderfreund – ob Tagesgast oder Begeher des Heilbronner Wegs – schon aus der Ferne entgegen. Die Hütte wurde 2016 neu gebaut, was sich aufgrund ihrer exponierten Lage als wahrer Kraftakt entpuppte, und ist nun eine moderne, zeitgemäße Schutzhütte am Allgäuer Hauptkamm.

Es kann nicht verschwiegen werden, dass es im Vorfeld viel Kritik gab über den Neubau der Hütte. Besonders fürchtete man, dass die Gemütlichkeit des Vorgängerbaus verloren gehen würde. Dabei hat man oft vergessen, dass die Hütte eigentlich zu wenig Sitzplätze hatte und ein Trockenraum fehlte. Gerade bei Schlechtwetter wurde es dann schnell ungemütlich. Diese Sorgen sind jetzt vorbei. Seit 2016 steht hier oben eine moderne Hütte auf dem neuesten Stand der Technik. Ist die Gemütlichkeit wirklich verloren gegangen? Darüber lässt sich vielleicht streiten, doch die geräumigen Aufenthaltsräume versprühen auch jetzt noch ein heimeliges und wohnliches Flair. Bei dem Neubau wurde praktischerweise darauf geachtet, dass es ebenso viele Sitzplätze in der Gaststube gibt, wie Schlafplätze zur Verfügung stehen. So kann man sich darauf verlassen, dass es im Waltenbergerhaus nie zu voll wird und jeder Übernachtungsgast in Ruhe essen kann. Ein Traum ist die sonnige, nach Süden ausgerichtete Terrasse. Morgens und abends kommen hier öfter Steinböcke zu Besuch.

DEUTSCHLAND | BAYERN | WALTENBERGERHAUS

Auch die Energieversorgung wurde an die aktuelle Zeit angepasst. Eine Batterieanlage und ein Warmwasserspeicher gehören ebenso zur Ausstattung wie die 100-PV-Module auf dem Dach. Die warme Abluft der Kühlgeräte wird für die Erwärmung des Trockenraumes genutzt. So erhielt die Hütte das Umweltgütesiegel des Alpenvereins.

Der Neubau selbst war eine logistische Meisterleistung. Schließlich musste alles auf den Berg geflogen werden, sogar der Bagger und der Kran. Über 2.000 Hubschrauberflüge waren für den Bau nötig. Bewirtschaftet wird die Hütte weiterhin von Markus Kärlinger mit seiner Frau Claudia. Sie hatten schon in der alten Hütte alles im Griff und verwöhnen auch heute ihre Gäste mit köstlichen Gerichten. So stärkt man sich nach der Wanderung durch Traditionelles wie Leberknödelsuppe und »Käsnudla« oder auch durch Ausgefallenes wie dem pikanten Linsengericht Nepali Dal. Nicht fehlen

KURZ ERFASST

TALORT Birgsau

LAGE 2.085 Meter ü.M.

OFFEN Pfingsten bis Anfang Oktober

ÜBERNACHTEN 42 Betten in Mehrbettzimmern, 28 Matratzenlager

ESSEN regionale, gehaltvolle Küche mit Frühstück, Mittag- und Abendessen, auch als Halbpension buchbar

GUT ZU WISSEN Der Heilbronner Weg ist anspruchsvoll und großartig. Idealerweise teilt man ihn auf drei Tage auf. Reservierungen ausschließlich über Online-Portal.

WALTENBERGERHAUS | BAYERN | DEUTSCHLAND

Der ehemalige Weiler Einödsbach, welcher aus drei Häusern und einer Kapelle besteht, ist mit einem herrlichen Blick auf die Trettachspitze und die Mädelegabel gesegnet.

Zusammen mit der Hochfrottspitze und der Trettachspitze gehört die Mädelegabel zum berühmten Allgäuer Dreigestirn.

auf der Speisekarte dürfen natürlich die süßen Sachen: Kaiserschmarrn, Apfelstrudel und Co. lassen einem das Wasser im Munde zusammenlaufen.

Beliebt ist das Waltenbergerhaus als Stützpunkt für den Heilbronner Weg. Dieser führt eigentlich von der Rappenseehütte bis zur Kemptner Hütte. Da der Weg aber sehr lang ist, wandert so mancher Bergsteiger von der Bockkarscharte durch das Bockkar hinunter zum Waltenbergerhaus und nächtigt hier zusätzlich. Besonders wenn man vorher noch der Mädelegabel einen Besuch abgestattet hat. Gerade für diese Abstiegsmöglichkeit war der Neubau wichtig. Vor allem wenn Schlechtwetter aufzieht, wäre es ohne verlässlichen Stützpunkt an dieser Stelle schwierig geworden. So kann man froh sein, dass sich der Alpenverein für einen Neubau entschieden hat und hier oben diese moderne Hütte erbaut hat. Ein weiteres Betreiben der alten Hütte wäre von den Behörden vermutlich sowieso nicht mehr lange akzeptiert worden.

HÜTTENTOUREN

TOUR 1 TRETTACHSPITZE
Die Besteigung ist ein nicht ganz einfaches Unterfangen. Im Aufstieg gilt es, Kletterstellen bis zum III. Schwierigkeitsgrad zu überwinden.
» 550 HM » 3 km » 4 h » schwer

TOUR 2 MÄDELEGABEL
Auf gut markiertem Weg steigt man zur Bockkarscharte auf und folgt dem Heilbronner Höhenweg. Zu Beginn des Gipfelaufschwungs muss eine Steilstufe erklommen werden.
» 620 HM » 2,5 km » 3 h » schwer

TOUR 3 RAPPENSEEHÜTTE
Die knackige, aber tolle Tour führt auf dem Heilbronner Weg über den Steinschartenkopf und das Hohe Licht zur Rappenseehütte.
» 500 HM » 5,3 km » 4 h » schwer

DEUTSCHLAND | BAYERN

Am Gebirgsfluss

Direkt an der wild rauschenden Partnach gelegen, kommt an der Reintalangerhütte Urlaubs-Feeling auf.

REINTALANGERHÜTTE Moment mal, tibetische Gebetsfahnen wehen mitten im oberbayerischen Reintal? Sanfte Gitarrenmusik weckt Bergsteiger frühmorgens? Und das alles in unmittelbarer Nähe zu Deutschlands höchstem Berg und Sehnsuchtsort vieler Alpinisten, der Zugspitze? Manche Traditionen, die Kultwirt und Globetrotter Charly Wehrle auf der Reintalangerhütte etabliert hat, überdauern die Zeit und sorgen für ein ganz besonderes Hüttenerlebnis.

Dort, wo am Ende des Reintals die Partnach ihren Ursprung im Zugspitzmassiv hat, errichteten die Mitglieder der Münchner Sektion des Alpenvereins 1912 ein Schutzhaus. Eine malerischere Lage hätten sie sich nicht als Standort aussuchen können: Inmitten einer Waldlichtung aus dunklen Tannen steht sie, ringsherum erhebt sich majestätisch das Wettersteingebirge, vor der Hütte sprudelt die eben entsprungene Partnach im flachen Kiesbett vorbei. Generationen von Bergfreunden streiften schon an ihrem Ufer mit erleichtertem Seufzer die Wanderstiefel ab und ließen sich vom glasklaren Gebirgswasser die strapazierten Füße kühlen. Egal, ob ihr Weg sie durch die beeindruckende Partnachklamm hinauf- oder von der Zugspitze heruntergeführt hatte – die Reintalhütte liegt immer genau richtig für eine ausgiebige Rast.

Schon im Mittelalter trieben Hirten ihr Vieh in diesen idyllischen Talabschnitt. Dessen Ruhe und Beschaulichkeit allerdings begann zu

DEUTSCHLAND | BAYERN | REINTALANGERHÜTTE

schwinden, als die Begeisterung für den Alpinsport zunahm. Zu Beginn des 19. Jahrhunderts nächtigten die Bezwinger der Zugspitze, Leutnant Josef Naus mit Bergführer und Begleiter, auf dem Weg zur Erstbesteigung an dieser Stelle am Fluss, wo damals schon eine kleine Blockhütte stand. Einer ihrer Tagebucheinträge allerdings erzählt weniger von der Schönheit außen herum, sondern vielmehr von Plagen im Innenraum: Unmengen von Flöhen raubten den Bergsteigern den Schlaf. Seinen Namen als Flohhütte hatte der alte Bau seitdem weg. Die Flöhe hat man schnell unter Kontrolle bekommen, und so nutzten ihn zahlreiche Alpinisten auf dem Weg zur Zugspitze oder anderen Gipfeln im Reintal die Unterkunft als Nachtlager. Bis sie aus den Nähten zu platzen drohte.

Heute leistet die alte Hütte der neuen Reintalangerhütte direkt daneben Gesellschaft. Gemeinsam trotzt das Hüttenpaar dem Gebirgswetter, dessen unberechenbare Launenhaftigkeit schon so manchen Bergsteiger zu schnellen Schritten gezwungen hat. Umso schöner, wenn man dann unter das schützende Dach einer

KURZ ERFASST

TALORT Garmisch-Partenkirchen

LAGE 1.369 Meter ü.M.

OFFEN Ende Mai bis Mitte Oktober

ÜBERNACHTEN 14 Betten in Mehrbettzimmern, 6 Betten in Zweibettzimmern, 73 Matratzenlager, Winterraum mit 10 Lagern

ESSEN deftiges Bergsteigeressen

GUT ZU WISSEN Reservierungen nur über das Online-Reservierungstool.

REINTALANGERHÜTTE | BAYERN | DEUTSCHLAND

In den hübschen Matratzenlagern der Reintalangerhütte kann man es sich gemütlich machen.

Mitten im kargen Wettersteingebirge erhebt sich ein goldenes Kreuz und markiert den höchsten Gipfel Deutschlands – die Zugspitze.

Hütte huschen kann, die nicht nur Wind und Regen abhält, sondern auch das Herz erwärmt. Der Aufstieg ist übrigens auch für Familien gut geeignet.

Die Wände der Reintalangerhütte verströmen seit vielen Jahrzehnten eine urige Gemütlichkeit, genährt von fröhlich-geselligen Stunden, die in der bis heute kaum veränderten Stube verbracht worden sind. Seit es sie gibt, ist die Reintalangerhütte geliebtes Zuhause einer eingeschworenen Berggemeinschaft. Wer einmal ihrem Charme erlegen ist, kommt nicht mehr von ihr los. Viele, die arbeitsreiche Sommermonate hier erlebt haben, bleiben diesem Fleckchen eng verbunden und kommen immer wieder zurück. So wie der Elektriker, der die mitunter trickreiche Hüttentechnik seit 30 Jahren repariert. Auch für die jungen Hüttenwirte Andy Kiechle und Robert Schmon ist die Reintalangerhütte ein Stück Heimat. Früher verbrachten sie hier ihre Ferien, arbeiteten später als Saisonkräfte mit und sind seit 2020 erfahrenes Hüttenwirteteam. Sie wissen, was es braucht, um dieses einzigartige, historische Flair am Ufer der Partnach am Leben zu halten. ❄

HÜTTENTOUREN

TOUR 1 KREUZECKHAUS
Schöner Übergang von der Reintalangerhütte über die privat bewirtschaftete Bockhütte und den relativ flachen Bernadeinsteig zum Kreuzeckhaus auf 1.652 Metern.
» 680 HM » 12 km » 5,5 h » leicht

TOUR 2 ZUGSPITZE
Aufstieg über einen recht steilen Weg zum Zugspitzplatt, vorbei an Knorrhütte und Schneefernerhaus über den Südwestgrat (teilweise drahtseilversichert) zum Gipfel.
» 1.600 HM » 7,5 km » 6-7 h » mittel

TOUR 3 HOCHWANNER
Die alpine Bergtour auf den Hochwanner ist technisch anspruchsvoll und erfordert eine sehr gute Kondition und absolute Trittsicherheit (stellenweise Schwierigkeitsgrad I).
» 1.600 HM » 11 km » 7-8 h » schwer

DEUTSCHLAND | BAYERN | REINTALANGERHÜTTE

»Schnee, schmilz!«

Unwetter, Nassschneelawinen, Murenabgänge: Die Launen der Natur prägen das Leben im Reintal. Sich diesen kraftvollen Gewalten unterzuordnen, ist in den allermeisten Fällen die beste Idee – außer, man heißt Charly Wehrle. Ein Vierteljahrhundert lang war er Wirt auf der Reintalangerhütte und hatte als solcher ein Problem, wenn der Schnee die Zufahrtswege verschüttete. Aus der Not heraus entwickelte er ein System zum Abtauen von Lawinen. Anfangs schmolz er mithilfe von Gartenschläuchen kleine Löcher in den Schnee. Später ersetzte er diese durch Feuerwehrschläuche und machte damit den Weg sogar für sein Motorrad frei.

Dadurch, dass sich die von der Sonne bestrahlten dunklen Blütenknospen der Alpenglöckchen stärker als ihre Umgebung erwärmen, können sich die zierlichen Blumen durch die Schneedecke stoßen. Eine Methode, die Charly Wehrle interessieren könnte.

REINTALANGERHÜTTE | BAYERN | DEUTSCHLAND

DEUTSCHLAND | BAYERN

Die Höchste

18

Die idyllische Weilheimer Hütte liegt im Sattel zwischen Krottenkopf und Oberem Rißkopf.

WEILHEIMER HÜTTE Die Weilheimer Hütte ist die höchste Hütte in den Bayerischen Voralpen. Sie liegt im kleinen, beschaulichen Estergebirge zwischen Isar- und Loisachtal bei Garmisch-Partenkirchen. Hier sind die Bayerischen Voralpen so hoch wie sonst nirgends. Mit dem Krottenkopf, dem höchsten Gipfel, überschreitet man sogar die 2.000er-Marke.

Wir wissen gar nicht, wo wir als Erstes hinsehen sollen. Über den Spitzen des Karwendelgebirges erhebt sich die Sonne langsam von ihrer Nachtruhe und taucht alles in ein orangefarbenes Licht. Gleichzeitig versinkt der halbvolle Mond über dem Ammergebirge. Es ist ein kaltes, aber begeisterndes Schauspiel, das sich auf dem Krottenkopf abspielt.

Christian, der Hüttenwirt, hatte uns im Winterraum einquartiert, sodass wir in aller Herrgottsfrüh aufstehen und über die glatten Steine zum Gipfel hochwandern konnten, um der Natur beim Wachwerden zuzusehen. Er hatte vollstes Verständnis für unser Vorhaben, schließlich ist er selbst begeisterter Naturfotograf. Wer Christians Kalender durchblättert, kann sich die Stimmungen um die Weilheimer Hütte auch nach Hause holen. Viel schöner ist es aber natürlich, diese direkt vor Ort zu erleben.

Wir hatten allerdings so unsere Zweifel, ob der Morgen wirklich so stimmungsvoll werden würde, wie wir uns das vorgestellt hatten. Beim Aufstieg zur Hütte war der Nebel ist so dicht, dass wir keine zehn Meter weit sehen konnten. So sahen wir auch die Hütte erst, als wir direkt

DEUTSCHLAND | BAYERN | WEILHEIMER HÜTTE

vor ihr standen. Die leicht gespenstische Atmosphäre ließ uns den Schluss ziehen, dass der Nebel sich bis zum Morgen nicht verziehen würde. Aber wir hatten Glück: Als wir in der Früh etwas verschlafen aus dem Lager gekrochen kamen, standen tatsächlich Sterne am klaren Nachthimmel.

Aber nicht nur die Sonnenaufgänge an der Weilheimer Hütte sind fabelhaft, auch das Essen, mit dem Christian seine Gäste verwöhnt. Dabei handelt es sich um einfache, schmackhafte, liebevoll zubereitete Gerichte. Ausgezeichnet mit dem Gütesiegel »So schmecken die Berge« kommen nur regionale Produkte aus einem Umkreis von 50 Kilometern auf den Tisch. Und das schmeckt man! Egal ob es Hirschgeschnetzeltes oder Kürbissuppe gibt. Bei aller Begeisterung darf man nicht den Nachtisch außer Acht lassen, zum Beispiel Omas Nussecken, die den Abschluss eines wundervollen Abendmenüs bilden.

KURZ ERFASST

TALORT Garmisch-Partenkirchen, Oberau, Walgau, Farchant, Krün, Klais, Eschenlohe

LAGE 1.955 Meter ü.M.

OFFEN Pfingsten bis Kirchweihsonntag

ÜBERNACHTEN 4 Betten in Mehrbettzimmern, 6 Betten in Zweibettzimmern, 50 Matratzenlager, Winterraum mit 5 Lagern

ESSEN einfache, regionale, sehr schön angerichtete Speisen

GUT ZU WISSEN Der Sonnenaufgang am Krottenkopf ist einzigartig. Reservierung für Übernachtungen ist nur telefonisch möglich.

WEILHEIMER HÜTTE | BAYERN | DEUTSCHLAND

Der Ort Wallgau mit der Kirche St. Jakob liegt idyllisch eingebettet im Karwendelvorland.

Vom Krottenkopfgipfel aus blickt man auf den Bischof und das dahinterliegende Wettersteingebirge mit der Zugspitze.

Mit Ende 20 hat sich Christian zu dem Leben als Hüttenwirt entschieden. Nicht selten sind es lange Arbeitstage mit bis zu 16 Stunden. Um das durchzustehen, muss man mit Leib und Seele dabei sein. Und dass das bei Christian der Fall ist, bemerkt man allein schon daran, mit welcher Freude und Freundlichkeit er seine Gäste begrüßt. Definitiv ein Grund, immer wieder auf die Weilheimer Hütte zu kommen.

Der Weg zu dieser gemütlichen Hütte mitten im Estergebirge ist von allen Himmelsrichtungen sehr weit und ohne eine Hüttennacht zudem sehr mühsam. Aber genau dadurch kann man das Hüttenerlebnis erst so richtig in sich aufsaugen. Dann stört es auch nicht, dass die Betten teilweise ein wenig kurz geraten sind und man schon etwas beengt liegt, wenn man über 1,80 Meter groß ist. Wer es noch einsamer möchte, steigt auf die Hochfläche im Nordosten der Hütte und genießt dort die menschenleere Weite.

HÜTTENTOUREN

TOUR 1 KROTTENKOPF
Ein kurzer, aber steiler Anstieg führt auf den höchsten Gipfel des Estergebirges.
» 90 HM » 430 m » 30 min » leicht

TOUR 2 KUHFLUCHTWASSERFÄLLE
Die Wanderung ist minimal anstrengend, weil sie größtenteils bergab führt. Neben den Wasserfällen liegt ein schöner Walderlebnispfad.
» 30 HM » 10 km » 4 h » leicht

TOUR 3 WANKHAUS
Auf dieser besonders schönen Hüttenverbindung überquert man den Hohen Fricken und durchquert einen Großteil des Estergebirges.
» 730 HM » 10 km » 3,5 h » mittel

HÜTTENBUCH

HÜTTENBUCH

Trend Transalp: Überquerungen von Hütte zu Hütte: schön und schwer

Die Überquerung der Alpen, während der man von Hütte zu Hütte wandert, hat sich zu einem der beliebtesten Aktivitäten von Bergfreunden entwickelt. Besonders der E5 von Oberstdorf nach Meran erfreut sich großer Beliebtheit. Man durchwandert von den Allgäuer Alpen in den Nordalpen alle Vegetationsstufen bis zum ewigen Eis in den Ötztaler Alpen. Dort besucht man die Ötzi-Fundstelle und wandert anschließend hinunter in die Südalpen Richtung Meran. Den Abschluss bildet dann ein schöner Spaziergang durch die italienische Stadt. Es gibt neben dieser hoch frequentierten Route noch weitere Touren von Hütte zu Hütte, die spannend und nicht ganz so überlaufen sind. Dazu gehören der Adlerweg vom Wilden Kaiser zum Arlberg, der Tiroler Höhenweg vom Zillertal nach Meran oder die Via Alpina mit ihren verschiedenen Wegvarianten.

Für viele Wanderbegeisterte beginnt die Alpenüberquerung auf dem E5 in Oberstdorf im Allgäu.

DEUTSCHLAND | BAYERN

Die Königliche

An den romantisch gelegenen Soiernseen im gleichnamigen Soiernkessel unterhalb der Soiernspitze hat sich der Märchenkönig ein Jagdhaus errichten lassen.

SOIERNHAUS Der bayerische Märchenkönig Ludwig II. wusste, wo es schön ist in seinen bayerischen Bergen. An besonderen Plätzen hat er sich Jagdhäuser erbauen lassen und die Schönheit, Ruhe und Abgeschiedenheit der Natur genossen. Eines dieser ehemaligen Jagdhäuser ist das Soiernhaus der Sektion Hochland des Deutschen Alpenvereins.

Es ist Pfingstmontag, ein schöner sonniger Tag. Wir sitzen auf der Terrasse des Soiernhauses am Rand des großartigen Soiernkessels. Überraschenderweise ist die Hütte heute fast leer. Nur zwei weitere Gäste finden sich noch hier ein. Das ist so entspannt, dass wir mit dem Wirt in Ruhe auf der Terrasse plaudern können. Nach einer ruhigen Hüttennacht und einem reichhaltigen Frühstück wandern wir am nächsten Tag weiter zur Fereinalm und wieder ins Tal.

Die Schöttelkarspitze ist auch ein Gipfel, den der »Kini« gern besuchte. Deshalb hat er hier oben einen Pavillon errichten und dafür sogar den Gipfel ein paar Meter abtragen lassen. Der Weg zur Soiernspitze wird auch als Reitweg bezeichnet – denn zu Fuß wollte der König natürlich nicht auf den Gipfel gehen. Den Pavillon sucht man heute vergeblich. Erhalten geblieben sind neben der Schönheit der Natur und den Seen jedoch vor allem die ehemaligen Jagdhütten. Während der frühere Pferdestall von der Bergwacht genutzt wird und eine Selbstversorgerhütte der Sektion Hochland ist, wird die größere Hütte als Soiernhaus von den

DEUTSCHLAND | BAYERN | SOIERNHAUS

KURZ ERFASST

TALORT Krün

LAGE 1.616 Meter ü.M.

OFFEN Pfingsten bis Mitte Oktober

ÜBERNACHTEN 60 Matratzenlager, keine Mehrbett- oder Doppelzimmer

ESSEN kleine Speisekarte, dafür aber große Portionen

GUT ZU WISSEN Das Soiernhaus besitzt keinen Winterraum!

Eine atemberaubende Kulisse wird einem bei der Wanderung auf die Soiernspitze geboten: Zu sehen sind die Westliche Karwendelspitze, die Arnspitzen und der Wetterstein mit der Zugspitze.

jungen Hüttenwirten Klaus Heufelder und Susanne Härtl bewirtschaftet. Die beiden erhalten viel Lob von ihren Gästen für ihre freundliche Bewirtung und das köstliche Essen. Unbedingt sollte man noch etwas Platz im Bauch für die leckeren Nussecken lassen. Der Lakaiensteig stammt übrigens auch noch aus der Zeit des Königs. Die Dienstboten kürzten so den Anstieg zu den Hütten ab, um sie für die Ankunft des Königs vorzubereiten.

In der Hütte selbst hat sich seit damals natürlich viel verändert. Ein wichtiger Meilenstein war die Auszeichnung mit dem DAV-Umweltgütesiegel 2017. Sie war erst die zehnte deutsche Alpenvereinshütte, der dieses Siegel verliehen wurde. Über die Jahre hat die Sektion viele Stunden ehrenamtlicher Arbeit in dieses Projekt gesteckt. Von zentraler Bedeutung in dem Prozess, die Hütte Schritt für Schritt nachhaltiger zu gestalten, war die Umstellung des Blockheizkraftwerkes vom Dieselaggregat auf umweltfreundliches Rapsöl. Trotz aller Moder-

SOIERNHAUS | BAYERN | DEUTSCHLAND

nisierung ist das Soiernhaus immer noch eine gemütliche und ursprüngliche bayerische Berghütte. Es gibt zwar moderne Toiletten und auch kaltes, fließendes Wasser im Waschraum, doch aufs Duschen beispielsweise muss verzichtet werden. Die Unterbringung erfolgt in Matratzenlagern, allzu lautstärkeempfindlich sollte man also nicht sein. Dafür ist es jedoch äußerst gemütlich und das Erlebnis einer Hüttenübernachtung besonders authentisch.

Auch die Landschaft ist weiterhin herrlich ursprünglich, fast wie zu den Zeiten des Königs. Der Bergkessel mit seinen zwei Seen ist außergewöhnlich schön. Absoluter Höhepunkt ist die Soiernumrundung, die an der Schöttelkarspitze beginnt und bis zur markanten Soiernspitze verläuft. Das ist ein Panoramagang, an dem man sich dem Himmel ganz nah fühlt, der einmalig ist im bayerischen Alpenraum. Man bewegt sich immer entlang der ausgesetzten Gratkante und genießt einen grandiosen Weitblick auf das Karwendel- und Wettersteingebirge.

Eine beliebte Wanderung zum Soiernhaus führt vom Wanderparkplatz in Krün über die auf 1.400 Metern Höhe gelegene Fischbachalm.

HÜTTENTOUREN

TOUR 1 HOCHLANDHÜTTE
Der lange, aber landschaftlich sehr abwechslungsreiche Übergang erfordert Kondition.
» 1.060 HM   » 13 km   » 6 h   » mittel

TOUR 2 SCHÖTTELKARSPITZE
Auf den 2.050 Meter hohen Gipfel führt ein breiter Weg, auf dem sich König Ludwig II. in einer Sänfte nach oben tragen ließ.
» 430 HM   » 3 km   » 1,5 h   » mittel

TOUR 3 GUMPEN- & KRAPFENKAR
Die aussichtsreiche Gratwanderung führt auf die wenig besuchten Gipfel. Da der Weg aber weder markiert noch in einer Karte verzeichnet ist, benötigt man Bergerfahrung.
» 700 HM   » 6 km   » 3 h   » schwer

DEUTSCHLAND | BAYERN | SOIERNHAUS

Rheingold auf den Seen

König Ludwig II. war nicht nur ein Liebhaber der bayerischen Berge und wusste um deren besondere Plätze. Er liebte auch Opern von Richard Wagner und hatte im Zusammenhang damit ausgefallene Ideen, was unter anderem seine Märchenschlösser verdeutlichen.

Eine Geschichte besagt, dass er einst in mondheller Nacht mit einem Drachenboot auf den Seen des Soiernhauses unterwegs war und sich dabei von Musikern am Seeufer Stücke aus Rheingold vorspielen ließ. Für eine großartige Szenerie sorgten von seinen Helfern entzündete Bergfeuer auf den umliegenden Gipfeln.

Das Boot mussten seine Bediensteten zu diesem Zwecke vom Tal zu den Seen hinauftragen. Ob die Geschichte stimmt, ist allerdings unklar. Taucharbeiten haben in den Seen keine Überreste eines Drachenbootes gefunden. Aber wer weiß, welcher Freigeist sonst noch so auf Ideen wie der König kommt.

Weil König Ludwig II. ein großer Richard-Wagner-Fan war, ließ er sich in einem Gemälde als Lohengrin – die Hauptfigur der gleichnamigen Wagner-Oper – darstellen.

SOIERNHAUS | BAYERN | DEUTSCHLAND 🇩🇪

DEUTSCHLAND | BAYERN

Der Adlerhorst

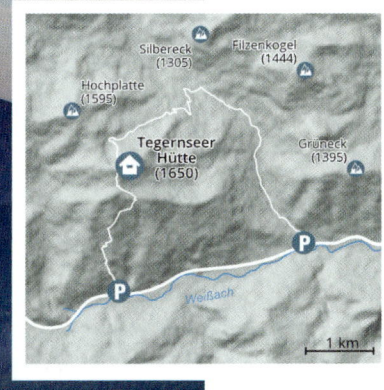

TEGERNSEER HÜTTE Es ist schon ein ausgesprochen eindrucksvoller Standort für eine Alpenvereinshütte. Wie ein Adlerhorst liegt die kleine Tegernseer Hütte eingebettet zwischen den beiden imposanten Felsgipfeln Roß- und Buchstein in den Bayerischen Voralpen zwischen Lenggries und Tegernsee. Dementsprechend großartig ist die Aussicht von der sonnigen Hüttenterrasse gen Süden zum mächtigen Guffert und an klaren Tagen sogar zu den Eisriesen der Zentralalpen.

Wenn man bei der Sonnbergalm aus dem Wald heraustritt, fällt der Blick sofort auf das Felsriff der beiden Zwillingsgipfel Roß- und Buchstein, die sich majestätisch vor dem Wanderer aufbauen. Mittendrin hat die kleine Tegernseer Hütte, die wie ein Adlerhorst direkt am Abgrund steht, ihren einzigartigen Standort gefunden.

Aber wie soll man über die steilen Felsen dort hinaufkommen? Nicht selten beschleicht den Wanderer in dem Moment ein etwas mulmiges Gefühl. Daran ändert sich auch nichts, wenn man am Einstieg der Felswand unterhalb des Roßsteins steht. Steil ziehen die Drahtseile in die Höhe, die Schwindelfreiheit wird hier ernsthaft auf die Probe gestellt. Erst im Ausstieg entspannt sich das Nervenkostüm, und man spaziert die letzten Meter entspannt zur Tegernseer Hütte, in der Michl, der gastliche Hüttenwirt, eine wohlverdiente Brotzeit und ein kühles Getränk serviert. So sind die Bedenken und Ängste schnell verflogen.

← Frühaufsteher werden auf dem Roßstein belohnt, wenn die Morgensonne sich langsam hinter der verschlafenen Bergwelt erhebt und alles in ein sanftes Rot taucht

DEUTSCHLAND | BAYERN | TEGERNSEER HÜTTE

KURZ ERFASST

TALORT Bayerwald bei Kreuth

LAGE 1.650 Meter ü.M.

OFFEN Anfang Mai bis Anfang November

ÜBERNACHTEN 2 Matratzenlager mit 23 Plätzen, keine Doppelzimmer

ESSEN einfache Speisekarte mit Bergsteigeressen wie Suppe, Wurstsalat, Brotzeit und Kuchen, für Übernachtungsgäste ein zusätzliches Gericht

GUT ZU WISSEN Am Wochenende oft sehr voll. Besser unter der Woche besuchen.

Das Ziel ist schon in Sicht: Zwischen Buch- und Roßstein kommt die Tegernseer Hütte zum Vorschein.

Als die Hütte Anfang des 20. Jahrhunderts erbaut wurde, gab es noch keine Seilbahn, die das benötigte Baumaterial auf den Berg befördert hätte. Stattdessen musste damals noch alles von Hand nach oben heraufgetragen werden. Dass eine 115 kg schwere Holztür allein von einem 18-jährigen Lehrling auf diese Weise auf den Berg geschleppt wurde, versetzt Hüttengäste auch jetzt noch in Erstaunen. Heute steht hier oben ein gemütliches Schutzhaus, das trotz mehrerer Umbauten nichts von seinem ursprünglichen Charakter eingebüßt hat. Wichtig an so einem Standort ist natürlich die Ver- und Entsorgung. Gerade Wasser ist zwischen den beiden Kalkgipfeln ein knappes Gut. So wird die Hütte ausschließlich mit Regenwasser versorgt, das mit einer UV-Anlage umweltfreundlich entkeimt wird. Um nicht zu viel Wasser zu verschwenden, gibt es hier oben nur Trockentoiletten. Geheizt wird mit Holz aus heimischen Wäldern, eine thermische Solaranlage erhitzt das Wasser für die Küche.

Der atemberaubende Ausblick von der Hütte lädt zum Träumen ein, zum Träumen von

TEGERNSEER HÜTTE | BAYERN | DEUTSCHLAND

den großen Bergen jenseits der deutschen Grenze. Die Eisriesen der Zentralalpen präsentieren sich von hier oben nämlich wunderbar aufgereiht. Einziger Haken: Das Panorama und die Lage der Hütte muss man häufig mit vielen Gleichgesinnten teilen. Die begehrten Aussichtsplätze auf der Terrasse können auch schnell rar werden. Daher empfiehlt es sich, die Tegernseer Hütte unter der Woche zu besuchen, wenn mehr Ruhe und Entspannung herrscht als an Wochenenden oder Feiertagen.

Wer das Hüttenerlebnis vollends auskosten möchte, der übernachtet hier oben. Gerade an einem lauen Sommerabend lädt die Westterrasse dazu ein, einen wunderbaren Sonnenuntergang zu genießen, bevor man sich das leckere Abendmenü gönnt, das es übrigens auch als vegetarische Variante gibt.

In der Hütte selbst findet man eine entspannte Atmosphäre vor, und bei den Hüttenwirten Michl und Sylvia fühlt man sich wie ein Familienmitglied. Das hilft dann auch über den wenigen Platz im Schlaflager hinweg, wobei das ja durchaus auch sehr kuschelig sein kann.

HÜTTENTOUREN

TOUR 1 GUFFERTHÜTTE
Der Weg führt über den aussichtsreichen Blaubergkamm. Für diese sehr lange Tour ist eine solide Kondition unabdingbar und man sollte unbedingt rechtzeitig starten.
» 1.329 HM   » 19,5 km   » 7 h   » mittel

TOUR 2 LENGGRIESER HÜTTE
Der kurze Übergang gestaltet sich abwechslungsreich: Neben Bergrücken und Wäldern liegt auch eine Felspassage auf dem Weg. Ein Abstecher zum Seekarkreuzgipfel lohnt sich.
» 187 HM   » 5,7 km   » 2,5 h   » mittel

TOUR 3 BUCHSTEIN
Eine glattpolierte Felsrinne, in der man schon etwas klettergewandt sein muss (Schwierigkeitsgrad I-II), führt zum Gipfel.
» 50 HM   » 100 m   » 1 h   » schwer

Der Namensgeber der Hütte ist der Tegernsee, der schon seit Jahren den Titel »Lieblingssee Bayern« tragen darf.

DEUTSCHLAND | BAYERN | TEGERNSEER HÜTTE

Via Weißbier

Plötzlich taucht eine Hand, dann zwei Hände und schließlich ein Gesicht an der Kante der Hüttenterrasse auf. Erschrocken blicken wir zum Rand. Ein Kletterer kommt herauf und grüßt uns mit einem freundlichen »Servus«.

Die Überraschung war uns wohl ins Gesicht geschrieben. Aber so selten kommt das gar nicht vor. Befindet sich doch der letzte Stand der Kletterroute »Via Weißbier« direkt auf der Terrasse der Tegernseer Hütte.

Unsere Gesichtszüge entspannen sich, als er nicht gleich der Versuchung erliegt, uns unser Weißbier streitig zu machen, sondern zuerst noch seinen Nachsteiger hochsichert und die Klettertour somit ordentlich zu Ende bringt. Erst danach bestellt er für sich und seinen Freund beim Hüttenwirt ein kühles Getränk zur Erfrischung.

Regelmäßiges Klettern verbessert Ausdauer, Stabilität, Flexibilität, Agilität, räumliche Wahrnehmung, Hand-Augen-Koordination und natürlich das Gleichgewicht. Geübt sollte sein, wer sich über die Kletterroute der Terrasse nähert.

TEGERNSEER HÜTTE | BAYERN | DEUTSCHLAND 🇩🇪

DEUTSCHLAND | BAYERN

Die Gipfelhütte

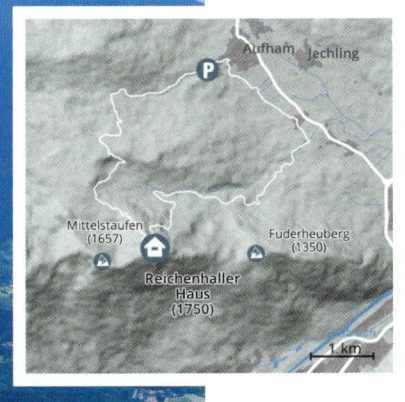

REICHENHALLER HAUS Es steht nur wenige Meter unterhalb des Gipfels des Hochstaufen in den Chiemgauer Bergen, das Reichenhaller Haus. Die Hütte ist vor allem bei Tagesgästen sehr beliebt, weil der Hochstaufen von mehreren Seiten gut erreichbar ist. Ein magisches Erlebnis kann man genießen, wenn man hier oben in der Einfachheit übernachtet.

Nur wenige Meter unterhalb des Hochstaufengipfels hat das Reichenhaller Haus seinen Platz gefunden und ist mit einer tollen Sicht auf das Salzachtal gesegnet.

Wir sind auf dem Weg der Steinernen Jäger, um erstmals von Bad Reichenhall auf den Gipfel des Hochstaufen zu gelangen. Nebel umwabert uns und begrenzt die Sicht. Der Weg ist aber gut markiert und somit nicht zu verfehlen. Trotzdem haben wir etwas Sorge um unsere Gipfelaussicht. Als sich der Nebel lichtet, sehen wir vor uns das Reichenhaller Haus, nur einen Katzensprung vom Gipfel des Hochstaufen entfernt. Bevor wir also in der Hütte einkehren, machen wir noch schnell Halt am Gipfelkreuz. Nach der großen Gipfelrundschau – jetzt tatsächlich ohne Nebel und damit wunderschön – heißt es dann aber endlich »Auf zur Hütte!«

Die Hüttenwirte Christine und Andreas verwöhnen uns mit einfachen, aber leckeren Gerichten. Andreas trägt jede Woche mehrmals frische Zutaten mit einer Kraxe auf die Hütte. Eine Materialseilbahn zur Versorgung gibt es nicht. Früher wurde die Hütte von der Bundeswehr mit Mulis versorgt, heute werden ab und zu auch Versorgungsflüge mit Hubschraubern durchgeführt, vor allem für Material, das über den alltäglichen Bedarf hinausgeht.

DEUTSCHLAND | BAYERN | REICHENHALLER HAUS

Insgesamt ist das Reichenhaller Haus eine eher einfache Berghütte. Es gibt keine Duschen, sondern nur Waschbecken. Bei der Außentoilette benutzt man zum Händewaschen eine Regentonne. Wasser ist hier oben ein knappes Gut. Eine Regenwasser-Sammelanlage sorgt für den Wasserhaushalt, der aber sehr der Witterung ausgesetzt ist. Uns gefällt diese Einfachheit am Berg, es gibt schließlich schon zu viele »Berghotels« in den Alpen.

Und die Aussicht, die sich von der Hütte aus bietet, macht sowieso alles wett. Salzburg, Bad Reichenhall und der Chiemsee liegen einem zu Füßen, und man kann gar nicht genug bekommen vom Hinabblicken und Bewundern. Vor allem Tagesbeginn und Tagesende werden hier zu einem Schauspiel, das man auf keinen Fall verschlafen darf. Morgens erklimmt sich die Sonne ihren Weg über das Salzkammergut, und abends scheint sie sich direkt im Chiemsee zur Ruhe zu legen. Die Terrasse des Reichenhaller Hauses ist dann natürlich der Lieblingsplatz aller Gäste.

Neben diesen täglichen eindrucksvollen Momenten findet alljährlich ein weiteres besonderes Event in unmittelbarer Nähe zum Reichenhaller Haus statt. Ein paar Schritte neben der Hütte steht die Ende der 1920er-Jahre errichtete Staufenkapelle. Hier findet in der Regel am ersten Sonntag

Der Gipfel des Hochstaufen (oben) ist 1772 Meter hoch und kann als Hausberg von Bad Reichenhall (unten) bezeichnet werden.

KURZ ERFASST

TALORT Bad Reichenhall oder Piding

LAGE 1.750 Meter ü.M.

OFFEN Mitte Mai bis Mitte Oktober

ÜBERNACHTEN 6 Betten in Mehrbettzimmern und 12 Matratzenlager

ESSEN Lebensmittelversorgung durch Hubschrauber oder den Wirt persönlich, weshalb das Speisenangebot relativ klein, aber sehr schmackhaft ist.

GUT ZU WISSEN Hüttenschlafsack ist Pflicht, von 22 bis 6 Uhr herrscht Hüttenruhe, nur Barzahlung möglich.

REICHENHALLER HAUS | BAYERN | DEUTSCHLAND

nach der Sommersonnenwende – sofern die Wetterlage es zulässt – die bekannte Staufenmesse statt.

Bereits am Abend zuvor sorgen Staufenfreunde für zauberhafte Momente, wenn am Gipfel, am Reichenhaller Haus und an der Kapelle kleine Feuer entzündet werden.

Am Tag der Messe kommen dann zahlreiche Besucher, um gemeinsam den Gottesdienst zu feiern. Danach sitzt man noch lange gesellig auf der Terrasse des zusammen und genießt Ausblick und Bewirtung bei traditioneller Livemusik von lokalen Bläser- und Musikantengruppen.

Viele Wege gibt es, um zum Reichenhaller Haus zu gelangen. Die Steinernen Jäger ist einer von zwei Normalwegen von Süden. Dieser gestaltet sich zwar etwas anspruchsvoller als der Weg über die Barthlmahd, aber für geübte Wanderer ist er trotz der Felspassagen immer noch gut zu begehen.

Die Staufenkapelle direkt neben dem Reichenhaller Haus lädt zum kurzen Innehalten ein.

HÜTTENTOUREN

TOUR 1 ZWIESELALM
Die nächstgelegene Hütte ist die Zwieselalm, von der aus sich einer der schönsten Blicke auf Bad Reichenhall eröffnet. Sie kann über eine anspruchsvolle Tour über den Zwiesel erreicht werden (siehe unten) oder auf einem leichteren Weg über die Barthlmahd.
» 150 HM » 4,3 km » 2 h » mittel

TOUR 2 MITTELSTAUFEN & ZWIESEL
Vom Hochstaufen aus, den man in wenigen Minuten erreicht, beginnt die aussichtsreiche Gratwanderung, die an mehreren Drahtseilen über den Mittelstaufen und den Zennokopf zum Zwiesel führt.
» 330 HM » 4 km » 2 h » schwer

DEUTSCHLAND | BAYERN | REICHENHALLER HAUS

Trauriges Kapitel

Das Reichenhaller Haus war Schauplatz eines traurigen Kapitels in der Geschichte des Deutschen Alpenvereins. Im September 1993 flüchteten zwei kroatische Jugendliche aus einer Erziehungsanstalt auf den Hochstaufen. Auf ihrem Weg dorthin hatten sie mehrere Raubüberfälle verübt. Nachdem sie in der Hütte ein Getränk bestellt hatten, haben sie die Wirtin kaltblütig niedergeschossen. Auch der Wirt wurde wenig später ein Opfer der beiden. Die Beute waren ganze 1.500 DM und ein paar Lebensmittel. Kaum zu glauben, dass jemand dafür Menschenleben nimmt. Die beiden Raubmörder wurden wenig später in Zagreb verhaftet. Die Wirte machte dies allerdings nicht mehr lebendig. Eine Gedenktafel am Reichenhaller Haus erinnert heute an die beiden Verstorbenen.

→

Die Dämmerung stellt eine gute Zeit dar, um den beiden verstorbenen Hüttenwirten des Reichenhaller Hauses zu gedenken.

REICHENHALLER HAUS | BAYERN | DEUTSCHLAND

ÖSTERREICH

Kaiserschmarrn und Gletscher, Tiroler Speck und Bergseen – Österreich lockt mit bester Kulinarik und einzigartiger Landschaft auf seine Hütten. Und diese könnten verschiedener nicht sein. So gibt es zum Beispiel die sehr modern ausgestatteten Hütten mit WLAN und Boulderraum ebenso wie die ursprünglichen, urigen holzvertäfelten Hütten, in denen es niemanden stört, dass das Wasser nur kalt aus dem Hahn kommt und man das Schlaflager mit vielen Gleichgesinnten teilt.

Es geht ins Ötztal und zum König der österreichischen Berge – dem Großglockner –, wir treffen auf Murmeltiere im Floitengrund und genießen den spektakulären Sonnenuntergang im Verwallgebirge. Man trifft auf Kuriositäten wie den prächtigen Kronleuchter im sogenannten Alpenschloss und vielerorts auf die gar nicht kuriose, sondern ganz selbstverständliche Gastfreundschaft der Hüttenwirte und Mitarbeiter.

Eingebettet in die Zillertaler Alpen liegt der künstlich angelegte Schlegeisspeicher auf einer Höhenlage von knapp 1.800 Metern über dem Meeresspiegel.

ÖSTERREICH | VORARLBERG

Die Unbekannte

SAARBRÜCKER HÜTTE Während es sich bei der Silvretta um ein beliebtes Gebiet für Wanderer und Bergsteiger handelt, ist die sich in dieser Region befindliche Saarbrücker Hütte eher unbekannt. Sie hat weder ein populäres Gipfelziel, noch ist sie hotelmäßig ausgebaut. Aber gerade das macht sie interessant. Wie wunderbar es doch ist, einmal ganz achtsam die einsame Bergwelt auf einer selten überfüllten und trotzdem überaus gemütlichen Hütte zu genießen.

Mühsam gestaltet sich der Schotterweg nach oben, vor allem wenn man beschlossen hat, Fahrräder mitzunehmen. Schatten spendende Bäume sucht man vergeblich. Wenn man schließlich – nach einem tollen Aufenthalt auf der Saarbrücker Hütte – den Heimweg antritt, weiß man aber, dass sich jeder vergossene Schweißtropfen gelohnt hat: Ohne viel Anstrengung braust man downhill zur Silvretta Hochalpenstraße und spart sich so den ermüdenden Abstieg. Ein erhabenes Gefühl breitet sich aus, wenn einem der Wind um die Ohren flattert und sich das Bergpanorama mit jedem Meter wieder etwas verändert.

Aber man möchte ja nicht gleich an den Heimweg denken. Oben angekommen, werden Gäste zunächst von dem grandiosen Blick auf das eindrucksvolle Gipfelpaar aus Großlitzner und Großseehorn begrüßt, deren Überschreitung als eine der schönsten Zweigipfeltouren im Silvrettagebirge gilt. Zugegebenermaßen:

Die Saarbrücker Hütte – die höchste Schutzhütte der Silvretta – macht mit ihrer Fassade aus Holzschindeln und den blau-weiß bemalten Fensterläden schon von Weitem einen freundlichen Eindruck.

ÖSTERREICH | VORARLBERG | SAARBRÜCKER HÜTTE

KURZ ERFASST

TALORT Partenen

LAGE 2.538 Meter ü.M.

OFFEN Ende Juni bis Ende September

ÜBERNACHTEN 23 Betten in Mehrbettzimmern, 14 Betten in Zweibettzimmern, 51 Matratzenlager, Winterraum mit 12 Matratzenlagern

ESSEN regionale Gerichte, vor allem Knödel, teilweise saisonal abgestimmt

GUT ZU WISSEN Während der Hüttenöffnungszeiten ist der Pächter nur telefonisch zu erreichen, Bezahlung erfolgt ausschließlich bar, warm duschen ist mit Anmeldung möglich.

Kämpfende Alpenmurmeltiere können einander mit ihren scharfen Nagezähnen erhebliche Verletzungen zufügen.

Der Gipfelturm des Großlitzners sieht schon sehr abweisend aus. Am nächsten Tag erweist sich alles als gar nicht so schlimm. Nur für eine kurze Stelle unter dem Gipfel ziehen wir die Kletterschuhe an. Die Abseilfahrten machen uns dagegen große Freude. Und danach geht es zurück in die Saarbrücker Hütte. Hier wartet Stärkung auf erschöpfte Wandersfreunde. Die Familie und Mitarbeiter von Stefan Schöpf, dem Hüttenwart, kümmern sich bestens um ihre Gäste. Ihre herzliche Art und ihre Hilfsbereitschaft sind für sie selbstverständlich. Die Küche ist bekannt für ihre Spinatknödel und die Kaspressknödel-Suppe. Je nach Jahreszeit kann man sich außerdem köstliche Rohnenknödel – also Rote-Beete-Knödel – oder Pfifferlingknödel schmecken lassen.

Die Gemütlichkeit der Hütte hat sich im Gegensatz zum Gletscher, der immer weiter schrumpft, in den letzten Jahren nicht geändert.

In der Stube verbringen alle gemeinsam den Abend, man tauscht sich über tolle Routen oder spannende Erlebnisse in den Bergen aus und freut sich auf den nächsten Tag. Wer sich vor dem Zubettgehen noch erfrischen möchte, findet auf der Hütte sogar eine Dusche – keine Selbstverständlichkeit in den Alpen. Allerdings ist sie kalt, nur auf vorige Bestellung kann etwas warmes Wasser zur Verfügung gestellt werden.

Für Stefan Schöpf ging mit der Übernahme der Hütte ein Traum in Erfüllung. Anfangs entschied er sich für den Beruf als Maurer und Zimmermann, doch wann immer seine Zeit es erlaubte, erkundete er die Bergwelt. Auch als Bergretter konnte er seiner Leidenschaft für die Gipfel nachgehen. Als 2017 schließlich ein neuer Pächter für die Saarbrücker Hütte gesucht wurde, ergriff Stefan die Gelegenheit beim Schopf und bereut diese Entscheidung bis heute nicht. In den Sommermonaten ist seine gesamte Familie, inklusive der Kinder, auf der Hütte zu Hause. Sein Schwager unterstützt ihn als Koch beim Zubereiten von Kaiserschmarrn, Knödel und Co. Übrigens wird alles frisch, ohne Fritteu-

SAARBRÜCKER HÜTTE | VORARLBERG | ÖSTERREICH

→ Von Mai bis Juli ist der immergrüne Strauch der Bewimperten Alpenrose mit schönen Blüten geschmückt.

↓ Der Kleinlitzner ist ein vorgelagerter Gipfel der vergletscherten Dreitausender in der Silvretta und bietet eine tolle Aussicht.

se und nach traditionellen Rezepten gekocht. Das schmeckt man auch!

Wer am nächsten Morgen die Etappe zur Tübinger Hütte laufen möchte, kann ausschlafen, der Weg ist nicht weit. Man hätte auch durchgehen und die Saarbrücker Hütte auslassen können. Das wäre aber schade gewesen, dann hätte man auf der »Unbekannten« nämlich viel Hüttenfreundlichkeit verpasst. ✺

HÜTTENTOUREN

TOUR 1 KLEINES SEEHORN
Die Skitour von der Saarbrücker Hütte über die Schweizer Lücke auf das Kleine Seehorn wird am besten im April unternommen.
» 500 HM » 4 km » 2,5 h » mittel

TOUR 2 TÜBINGER HÜTTE
Für die Tour über das Kromertal und Hochmadererjoch ist Ausdauer gefragt. In der Tübinger Hütte kann man sich für den Rückweg stärken oder dort übernachten.
» 800 HM » 13 km » 6,5 h » mittel

TOUR 3 KLEINLITZNER
In direkter Hüttennähe befindet sich der wunderschöne Kleinlitzner-Klettersteig mit fabelhafter Aussicht auf die 3.000er der Silvretta. Topos liegen auf der Hütte aus.
» 180 HM » 1 km » 2 h » mittel

ÖSTERREICH | VORARLBERG | SAARBRÜCKER HÜTTE

Das Skirennen der Saarbrücker Hütte

In den 1950ern lieferten sich an der Saarbrücker Hütte jährlich im April ca. 40 Skiläufer und Skiläuferinnen ein echtes Skirennen. Startpunkt war die Saarbrücker Hütte, die auf 2.538 Metern Höhe liegt. Im April ist der Schnee schon oft früh am Tag richtig weich und macht eine Abfahrt schwierig. Dazu kommt die Lawinengefahr. Auch das Material ist mit heutigen Hightech-Ski nicht zu vergleichen: Holzski quasi ohne Kanten, eine Bindung aus Riemen, die fest am Wanderschuh bleiben, auch beim Sturz. Dafür war die Motivation umso größer! Durch das Komertal, am Vermuntsee vorbei bis Partenen brausten die Rennläuferinnen und Rennläufer die fast 1.500 Höhenmeter hinunter.

→ Zu den Anfangszeiten des Skispringens mussten die Athleten sich noch mit Holzskiern begnügen.

SAARBRÜCKER HÜTTE | VORARLBERG | ÖSTERREICH

ÖSTERREICH | VORARLBERG

Die Romantische

Hoch über dem Klostertal gelegen, eröffnen sich auf der Kaltenberghütte in luftig freier Balkonlage schöne Ausblicke.

KALTENBERGHÜTTE Ein Ambiente wie aus dem Urlaubskatalog: Während die Sonne hinter den Schweizer Bergen versinkt, geht Übernachtungsgästen beim schönen Ausblick in das Klostertal und zu den gegenüber liegenden Gipfeln des Lechquellengebirges das Herz auf. Die Kaltenberghütte auf der Bludenzer Alpe bietet genau den richtigen Rahmen, um solch romantische Momente stilvoll genießen zu können.

Vieles hat die Reutlinger Alpenvereinssektion in den letzten Jahren erneuert. Neben romantischen Hüttenzimmern gibt es jetzt auch moderne Lager im neuen Nebengebäude und eine Terrasse mit Liegestühlen, die das Gefühl eines Sonnendecks aufkommen lässt. Dabei wurde auch die Energieversorgung modernisiert, sodass die Hütte mit dem Umweltgütesiegel des Alpenvereins ausgezeichnet wurde. Das Wasser kommt von einer Quelle, Strom erzeugt eine Photovoltaikanlage, und für den Transport wurde eine neue Materialseilbahn gebaut, die mit einem umweltfreundlichen Rapsölaggregat angetrieben wird. Auch einen – zwar weniger romantischen, aber dafür praktischen – Seminarraum gibt es hier oben inzwischen.

Früher nutzten vor allem Skifahrer die Kaltenberghütte als Basis, doch seit ein Brand einen Neubau erforderlich machte, erfreut sie sich auch im Sommer großer Beliebtheit. Vor allem Familien mit Kindern kommen gern hierher. Aufgrund des Erlebnispotenzials, das sich den kleinen Gästen bietet, verlieh ihr der

ÖSTERREICH | VORARLBERG | KALTENBERGHÜTTE

Deutsche Alpenverein das Zertifikat »kinderfreundliche Hütte«. Sind es die Pferde, die ganz in der Nähe grasen und sich streicheln lassen, der Kletterfelsen oder die kleinen Seen, die zum Baden einladen? Hier oben wird es sicher nicht langweilig. Und außerdem: Welche Hütte hat schon den am höchsten gelegenen Badesee der Region in der Nähe? Auf über 2.000 Metern können sich Wasserfreunde in seine Fluten stürzen und lange Wandertage mit gebirgskalter Abkühlung beenden. Wer anschließend die letzten Sonnenstrahlen auf der ausladenden Panoramaterrasse genießt und – für Romantik pur natürlich zu zweit Arm in Arm – zusieht, wie das Abendrot das umliegende Gebirge zum Leuchten bringt, will bestimmt nie wieder fort von hier.

Es sei denn, es wird zum Essen gerufen. Hüttenwirt Markus Kegele und sein Team verwöhnen ihre Gäste abends je nach Buchung mit einem Drei-Gänge-Menü und bringen

KURZ ERFASST

TALORT Stuben am Arlberg, Langen, St. Christoph

LAGE 2.089 Meter ü.M.

OFFEN Ende Juni bis Ende September

ÜBERNACHTEN romantische Hüttenzimmer und idyllische Mehrbetträume, 22 Matratzenlager, Winterraum mit 14 Lagern

ESSEN regionale Spezialitäten mit Zutaten aus der Umgebung, ausreichende Angebote für Vegetarier

GUT ZU WISSEN Badesachen nicht vergessen.

KALTENBERGHÜTTE | VORARLBERG | ÖSTERREICH

Vor der Kaltenbergerhütte dürfen Pferde frei herum laufen – zur großen Freude der kleinen Hüttengäste. (oben)

Da die Blüten der Gelben Alpen-Kuhschelle schwefelgelb leuchten, trägt sie auch den Namen Schwefel-Anemone. (unten)

Obwohl man es bei dem Namen »Berggeistweg« vermuten könnte, ist von Geistern kaum etwas zu spüren, dafür aber von herrlicher Bergluft und schönen Aussichten.

regionale Hausmannskost auf den Tisch. Die Zutaten dafür stammen aus der Region und am liebsten aus ökologischer Landwirtschaft. Im großen Gastraum kommen dafür alle Gäste des Hauses zusammen und genießen die Zeit auf dem Berg – egal, ob sie als Seminarteilnehmer oder als Bergsportler hierhergekommen oder mit Kindern unterwegs sind. Die Atmosphäre auf der Hütte ist so locker und offen, dass sich nicht selten Gespräche zwischen Menschen entwickeln, die sich in der realen Welt selten begegnen. So eine Hüttenübernachtung verbindet eben. Wer das nicht möchte und den Lieblingsmenschen schon mitgebracht hat, wird jedoch auch die romantische Atmosphäre der Hütte und ihrer Umgebung zu schätzen wissen. Es ist eben für alle etwas geboten.

So gesellig der Abend, so lecker der Morgen. Das erste Highlight des Tages ist das Bergfrühstück mit knusprigem Hüttenbrot, Butterzopf, selbst gemachter Marmelade, Käse von der benachbarten Alpe, selbst angerührtem Müsli und einem Glas Prosecco. So gestärkt machen sich die einen auf zu alpinen Abenteuern in der näheren Umgebung. Und die anderen? Schnappen sich die Badesachen und gehen erst mal eine Runde schwimmen.

HÜTTENTOUREN

TOUR 1 KONSTANZER HÜTTE
Auf dem Berggeistweg gelangt man über die Bergstation der Albona Bahn, das Maroijoch und -tal sowie das Schönverwalltal zur Hütte.
» 420 HM » 14,5 km » 6 h » mittel

TOUR 2 KRACHELSPITZE
Man wandert unterhalb des Alpenkopfes bis zum »Krachel« flach dahin, bevor es in der Scharte steiler wir. Danach führt ein schmaler Weg hinauf zum schönen Gipfelkreuz.
» 530 HM » 4 km » 2 h » mittel

TOUR 3 VERWALL-RUNDE
Die anspruchsvolle 6-Tages-Tour führt über markierte Bergwege über viele Jöcher und fünf Hütten. Die Gehzeiten können sich auf bis zu neun Stunden pro Tag belaufen.
» 5.620 HM » 67 km » 33 h » schwer

ÖSTERREICH | VORARLBERG | KALTENBERGHÜTTE

» Die Sonnenuntergänge auf der Kaltenberghütte sind legendär und bieten im Herbst ein Schauspiel der Extraklasse. Meistens findet das Szenario kurz nach dem Abendessen statt, sozusagen als Dessert nach Hackbraten, Schlutzkrapfen, Kässpatzen und Buchteln. Der beste Platz ist dann die gut besetzte Hüttenterrasse. Besonders beeindruckend ist das Naturwunder, wenn das Klostertal unter einer dichten Wolkendecke liegt und der Abendhimmel in den Farben Gelb bis Feuerrot erstrahlt. Dann möchte man nirgends anders sein wie hier oben.«

Zitat Helmut Kober, Ehrenvorsitzender
der DAV Sektion Reutlingen

KALTENBERGHÜTTE | VORARLBERG | ÖSTERREICH

ÖSTERREICH | TIROL

24

Über dem Gletschermeer

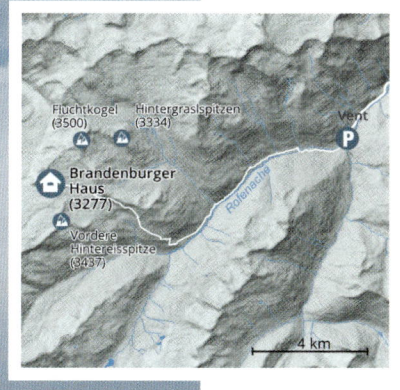

BRANDENBURGER HAUS Auf einer Felsinsel am Fuß der Dahmannspitze steht mit dem Brandenburger Haus die höchste Hütte in den Ötztaler Alpen auf über 3.200 Metern Höhe. Einen eindrucksvolleren Standort hätten die Erbauer nicht wählen können. Gleich zwei mächtige Gletscher, der Gepatschferner und der Kesselwandferner, umfließen die Felsen, auf denen sich die Hütte befindet, und sorgen für ein großartiges Ambiente.

Langsam versinkt die Sonne hinter den Bergspitzen der Ötztaler Alpen. Sie taucht die Gletscherlandschaft in ein orangefarbenes Ambiente und umfängt das Herz des Betrachters mit einer wohligen Wärme – trotz des vielen Schnees und der eisigen Luft. Es ist ein herrlicher Ort für dieses Schauspiel, wohl einer der schönsten in den Ostalpen. Fast denkt man, man sei in einer anderen Welt. Das ist auch kein Wunder, immerhin ist der nächste Ort zehn Kilometer Luftlinie weit entfernt. Und mitten in der unwirtlichen und gleichzeitig faszinierenden Gletscherlandschaft steht das Haus wie eine Insel in einem Meer aus Eis.

Bereits seit über 100 Jahren thront das Brandenburger Haus auf dem Felssporn der Dahmannspitze nur wenige Meter unter dem Gipfel. Dieser wurde übrigens nach dem Architekten Dahmann benannt – denn hier eine Hütte zu planen und zu erbauen, ist eine große Leistung, welche eine besondere Anerkennung verdient hat.

Bergsteiger, die das Brandenburger Haus als Ziel haben, sollten unbedingt mit Seil, Pickel und gegebenenfalls Steigeisen ausgerüstet sein.

ÖSTERREICH | TIROL | BRANDENBURGER HAUS

KURZ ERFASST

TALORTE Vent im Ötztal und Feichten im Kaunertal

LAGE 3.277 Meter ü.M.

OFFEN Ende Juni bis Mitte September

ÜBERNACHTEN 31 Betten in Mehrbettzimmern, 46 Matratzenlager, 6 Notlager, keine Zweibettzimmer

ESSEN einfache, bodenständige Gerichte aus der österreichischen Küche

GUT ZU WISSEN Es empfiehlt sich, den Anstieg aufzuteilen und im Hochjoch-Hospiz zu nächtigen.

Für eine Hütte in dieser Höhenlage ist das Brandenburger Haus überaus gemütlich: Die holzvertäfelte Gaststube und der Kachelofen spielen perfekt zusammen, um den Besuchern ein heimeliges Gefühl zu geben. Gerade nach dem Sonnenuntergang, wenn es draußen kühler wird, stellt der Ofen eine willkommene Wärmequelle dar. Eine Dusche sucht man hier oben zwar vergeblich, aber die traumhafte Lage der Hütte macht diesen Umstand in jedem Fall wett – damit kann nämlich kein Hotel im Tal mithalten.

Beeindruckend ist, dass das Brandenburger Haus bereits 2008 das Umweltgütesiegel des Deutschen Alpenvereins erhalten hat. Eine umfangreiche Technik hilft bei der Erzeugung von Solarstrom sowie der Gewinnung und Speicherung von Trinkwasser. Die Hütte wird ausschließlich mit Holz, einem nachwachsenden Rohstoff, geheizt. Das kann zumindest ein wenig die leider notwendige Versorgung mit dem Hubschrauber kompensieren.

Solche Details lassen auch einen weniger erfahrenen Gast nicht vergessen, dass die

BRANDENBURGER HAUS | TIROL | ÖSTERREICH

Wartung einer Berghütte kein Zuckerschlecken ist. Der relativ häufige Wechsel der Hüttenwarte verleiht dem zusätzlichen Nachdruck. Doch die vergleichsweise geringe Zeit, in der die Hütte jährlich bewirtschaftet wird, ist deshalb nicht weniger von Annehmlichkeiten ausgefüllt. Denn wenn man sich über die vielen Kehren den Deloretteweg hochgekämpft hat, dann auch – vorsichtshalber immer angeseilt, denn die Spalten werden durch den Rückgang des Gletschers immer tückischer – den Kesselwandferner erfolgreich bezwungen hat, freut man sich umso mehr über die kleinen Dinge im (Hütten-)Leben. Im »Gletscherschloss«, wie die Hütte von den Menschen in der Region liebevoll genannt wird, erwarten einen die Herzlichkeit der Hüttenwarte und auch eine gute und kräftigende Hausmannskost. Am Morgen müssen die Wanderer ihren Weg selbstverständlich ebenso wenig mit knurrenden Mägen antreten, für ausreichendes Frühstück ist gesorgt. Skitourengehern steht die Hütte auch außerhalb der bewarteten Zeit als Schutzraum zur Verfügung und ist nicht abgesperrt.

Eine lohnende Tages-Hochtour vom Brandenburger Haus ist die Überschreitung der drei Hintereisspitzen.

HÜTTENTOUREN

TOUR 1 HINTEREISSPITZEN
Als technisch eher leichte, dafür aber sehr lange Ski-Hochtour begeistert die Überschreitung der drei weniger bekannten Hintereisspitzen durch herrliche Gletscherpanoramen.
» 300 HM » 6,3 km » 6 h » mittel

TOUR 2 RAUHEKOPFHÜTTE
Der konditionell unschwere Übergang führt fast durchgehend über den Gepatschferner. Obwohl sich die Route recht flach gestaltet, sind ihre Spaltenzonen nicht zu unterschätzen.
» 30 HM » 6,8 km » 2 h » leicht

TOUR 3 KESSELWANDSPITZE
Für trittsichere und hochalpin erfahrene Bergsteiger führt die anspruchsvolle Tour über den Kesselwandgletscher zur Kesselwandspitze.
» 270 HM » 2,6 km » 3 h » schwer

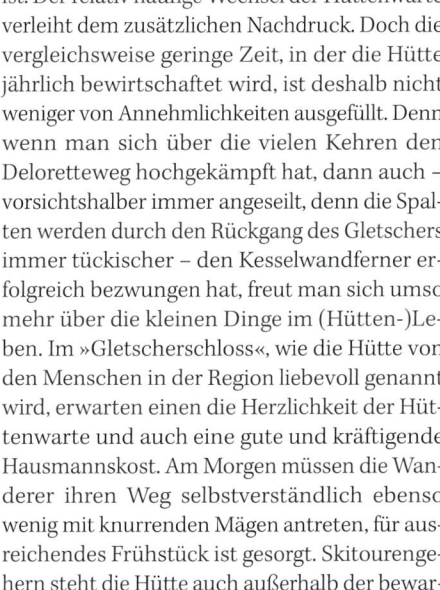

ÖSTERREICH | TIROL | BRANDENBURGER HAUS

Ziegen auf der Hüttenterrasse

Vor ein paar Jahren staunte ein Bergsteiger nicht schlecht, als er nach einem Sonnenbad auf der Dahmannspitze plötzlich auf der Hüttenterrasse des Brandenburger Hauses eine Ziege sah. Ehe er sich versah, waren es schon vier Ziegen. Sie dienten allerdings nicht der Wirtin für die Versorgung, sondern sind einer Gruppe Wanderer einfach so über den Gletscher gefolgt. Sämtliche Versuche, sie wieder mit zurück in Richtung Hochjoch-Hospiz mitzunehmen, scheiterten.

Erst am Abend gelang es einem Wanderer mit seiner Tochter, die Ziegen über den Gletscher und den Deloretteweg zum Hochjoch-Hospiz zu führen. Zwei der eigenwilligen Tiere hatte er an der Leine dabei, die anderen beiden folgten brav seiner Tochter.

Kaum ein anderes Tier ist derart bekannt für seine bereits sprichwörtlich gewordene Sturheit wie der Ziegenbock.

BRANDENBURGER HAUS | TIROL | ÖSTERREICH

ÖSTERREICH | TIROL

Beim Steinbock

Die Rüsselsheimer Hütte ist mit einem unbezahlbaren Blick auf den gegenüberliegenden Kaunergrat gesegnet.

RÜSSELSHEIMER HÜTTE Hoch über dem schmalen Pitztal steht sie im Geigenkamm – die Rüsselsheimer Hütte, die vor ein paar Jahren noch ganz anders hieß. Neben einem tollen Hausgipfel lockt die Hütte vor allem mit ihren ungewöhnlichen Gästen: Eine Steinbockkolonie kommt immer mal wieder auf Besuch vorbei und trägt zur großen Freude der menschlichen Hüttengäste bei.

Auf alten Karten findet sich vielleicht noch die einstige Bezeichnung: Chemnitzer Hütte. Doch nachdem sich die Sektion Chemnitz 1973 aufgelöst hatte, ging die Hütte an die Sektion Rüsselsheim über. Im Rahmen ihres 75-jährigen Jubiläums wurde sie schließlich dementsprechend umbenannt.

Seitdem hat sich hier einiges verändert. Besonders viel Aufwand wurde in eine zukunftsweisende, umweltgerechte Energieversorgung gesteckt. Photovoltaikanlage, Batteriesystem, Kleinwasserkraftwerk, Wechselrichteranlage, Blockheizkraftwerk mit Rapsöl, Kombinationsherd mit Holzpellets sind die Stichworte für die Warmwasserversorgung, Elektrizität und das Heizen. Das Trinkwasser kommt von einer Quelle, und das Abwasser wird in einer speziellen Anlage gefiltert. Aufgrund dieser vorbildlichen Maßnahmen zum Schutz der Umwelt wurde der Hütte 2005 das Umweltgütesiegel verliehen.

Andere Dinge haben sich zum Glück nicht verändert. So ist die Küche beispielsweise

ÖSTERREICH | TIROL | RÜSSELSHEIMER HÜTTE

weiterhin ausgezeichnet. Man genießt auf der Rüsselsheimer Hütte köstliche Knödelvarianten aus Spinat-, Kaspress- und Speckknödel sowie Steinbock-Carpaccio und -Gulasch und löscht seinen Durst mit einer würzig süßen Getränkekreation mit dem Namen »Meister Sepp«. Die Rüsselsheimer Hütte ist Teil der 1999 vom Deutschen Alpenverein ins Leben gerufenen Kampagne »So schmecken die Berge«. Mit diesem Gütesiegel fördert man die Zusammenarbeit von Hüttenwirten und regionalen Erzeugern von Lebensmitteln, allen voran den Bergbauern. Dass gute Qualität und Regionalität nicht nur Schlagworte sind, die im Rahmen einer solchen Kampagne hochgehalten werden, sondern man es auch am Geschmack merkt, davon können sich die Gäste der Rüsselsheimer Hütte selbst überzeugen.

In der Umgebung der Hütte beeindruckt nicht nur die Flora – auf den schönen Bergwiesen ringsum sind beispielsweise Silberdisteln,

KURZ ERFASST

TALORT Plangeross

LAGE 2.323 Meter ü.M.

OFFEN Mitte Juni bis Ende September

ÜBERNACHTEN ein Doppelzimmer, 10 Betten in Mehrbettzimmern, 35 Matratzenlager, Winterraum mit 12 Schlafplätzen

ESSEN ausgezeichnete Tiroler Küche mit köstlichen Knödelvariationen und Steinbock-Carpaccio und -Gulasch

GUT ZU WISSEN Kinderspielplatz mit Schaukel einer Slackline und weiteren Spielmöglichkeiten befindet sich vor der Hütte.

RÜSSELSHEIMER HÜTTE | TIROL | ÖSTERREICH

Der Alpensteinbock ist ein häufiger und gern gesehener Gast auf der Rüsselsheimer Hütte. (oben)

Der beliebteste Weg auf die Hohe Geige führt über den Westgrat. (unten)

Die hochalpine Tour auf den höchsten Gipfel des Geigenkamms - die Hohe Geige - wird mit einer prächtigen Aussicht belohnt.

Weidenröschen oder der Rittersporn zu bewundern –, auch die Fauna hier ist einzigartig: So leben ganz in der Nähe jede Menge Steinböcke. Und die kommen gern nahe an die Hütte – besonders bei Dämmerung, wenn es schon oder noch ruhig ist, und lassen sich beobachten, ganz so als ob sie wüssten, dass sie mit ihren imposanten Hörnern und dem Klettertalent die heimlichen Stars der Rüsselsheimer Hütte sind. Wer sich nun wundert, dass der Hüttenwirt Florian Kirschner Steinbock-Gulasch und -Carpaccio auf der Speisekarte anbietet, kann beruhigt sein: »Wenn wir das Steinwild nicht bejagen, breitet es sich zu stark aus und verdrängt die Gämsen.« Gejagt werden müssen die Steinböcke also so oder so.

Kletterfreunde kommen auf der Rüsselsheimer Hütte voll auf ihre Kosten, denn ganz in der Nähe sind zahlreiche Boulderfelsen, einige schöne Klettergärten und ein toller Übungsklettersteig zu finden. Eine Empfehlung wert ist außerdem der Mainzer Höhenweg. Dieser führt von der Rüsselsheimer Hütte auf einer sehr anspruchsvollen Route zum Rheinland-Pfalz-Biwak und weiter zur Braunschweiger Hütte im hintersten Pitztal.

HÜTTENTOUREN

TOUR 1 WEISSMAURACHSEE
Auf dem Mainzer Höhenweg wandert man gemütlich bis zum kleinen Gletschersee unterhalb vom Weißmaurachjoch.
» 200 HM » 2 km » 2 h » leicht

TOUR 2 KLEINBÄRENZINNE
Der kurze, hüttennahe Übungsklettersteig führt durch eine großartige hochalpine Landschaft und eignet sich für Anfänger.
» 300 HM » 2,5 km » 1,5 h » mittel

TOUR 3 HOHE GEIGE
Auf einem markierten Weg geht es nach Gahwinden, wo der Westgrat mit einer tollen Kletterei im II. Schwierigkeitsgrad beginnt. Einzelne Stahlseile helfen über die schwierigsten Stellen hinweg. Für den Abstieg empfiehlt sich, erneut den Westgrat zu wählen, viele andere Wege sind nicht sicher.
» 1.070 HM » 8 km » 7 h » schwer

HÜTTENBUCH

HÜTTENBUCH

Geschmack der Berge

Hochgelegene Schmankerl

Mit der Aktion »So schmecken die Berge« ist dem Deutschen Alpenverein ein großer Wurf gelungen. So erstreckt sich die Initiative mittlerweile über drei Länder und 40 Gebirgsgruppen, von der Schlernbödelehütte in den Dolomiten bis zur Hochrieshütte in den Chiemgauer Alpen.

Als klassische alpine Spezialität, die auf ausgezeichneten Hütten oft zu finden ist, gelten beispielsweise Speck- oder Kaspressknödelsuppe, Kässpatzn, Kaiserschmarrn oder in der Schweiz Älplermagronen. Aber immer wieder kommen auch Besonderheiten auf den Hüttentisch. Am Hallerangerhaus gibt es zum Beispiel Moosbeernocken, auf der Weilheimer Hütte Brennnesselknödel und auf der Gamshütte Vegane Bolognese. Aber auch exotische Gerichte werden angeboten. Vor ein paar Jahren staunten Gäste, als sie auf der Sudetendeutschen Hütte nepalesisches Essen bekamen. Der Wirt Ang Kami Lama ist dafür inzwischen samt seiner Küche in die Lechtaler Alpen auf die Stuttgarter Hütte umgesiedelt.

Beim Anblick dieser österreichischen Spinatknödel – garniert mit Käse – läuft einem förmlich das Wasser im Mund zusammen.

ÖSTERREICH | TIROL

Hamburgs Höchstes

Im Schein der warmen Morgensonne erwacht die Bergwelt langsam aus ihrem Schlaf. Zu sehen sind das Ramolhaus und der beeindruckende Gurgler Ferner.

RAMOLHAUS Das Ramolhaus liegt auf über 3.000 Metern Höhe über Obergurgl im hintersten Ötztal. Es ist das höchste Haus der sonst so flachen Elbmetropole, gehört es doch der DAV-Sektion Hamburg. Die Lage auf einem Absatz direkt über dem Tal ist sehr beeindruckend. Eine Übernachtung in dieser Hütte gehört zu den absoluten Höhepunkten im Ötztal.

Es ist ein sehr langer Anstieg von Obergurgl. Mühsam schleppen wir uns in der heißen Augustsonne bergauf. Wir lassen uns viel Zeit, trotzdem merken wir die Höhenlage, auf der wir uns befinden. Wir haben zwar in letzter Zeit fleißig trainiert für diesen Ausflug, sind aber trotzdem sehr froh, als wir endlich auf der Hüttenterrasse stehen und schließlich unser Lager beziehen. Etwas über vier Stunden haben wir gebraucht für den Anstieg. Nur zweien von uns reicht es noch nicht. Sie steigen noch auf den Hinteren Spiegelkogel, den Hausberg der Hütte. Er überragt sie um knapp 400 Meter und ist gletscherfrei zu erreichen.

Seit 1881 steht das Ramolhaus inmitten der eindrucksvollen Szenerie auf etwas über 3.000 Metern Höhe. Architekt und Erbauer war Martin Scheiber, der damit die erste Schutzhütte in den Ötztaler Alpen errichtete. Noch heute kümmern sich die Nachfahren Scheibers um die Hütte. Auch wenn sie inzwischen dem Alpenverein gehört, so wird sie von Lukas Scheiber, dem Urenkel Martins, bewirtschaftet. Da der Familie noch ein größeres Hotel im Tal

ÖSTERREICH | TIROL | RAMOLHAUS

gehört, wird die Hütte von einem eigenen Team betreut.

Trotz vieler Modernisierungen findet sich im Inneren des Ramolhauses eine angenehme Mischung aus Komfort und Gemütlichkeit. In den behaglichen Gaststuben genießt man den Abend, und die Nacht verbringt man in komfortablen Mehrbettzimmern. Hier ist alles aus Holz, von Boden über Wände bis zur Zimmerdecke, auch die Stockbetten sind aus dem Material gefertigt. Das macht die Zimmer äußerst wohnlich und einladend. Mit weichen Kissen und warmen Decken ausgestattet, versprechen die Betten im Ramolhaus eine erholsame Nacht. Am Morgen weckt einen dann hoffentlich die Sonne, denn bei schönem Wetter wird das Frühstück – bestehend aus Brot, Aufstrich und Kaffee oder Saft – auf der Terrasse serviert, und man kann es gemeinsam mit einer prächtigen Aussicht genießen.

Auch tagsüber ist für das leibliche Wohl hier oben gesorgt. Vor allem die großen Schnitzel- und Knödelportionen ziehen immer wieder

KURZ ERFASST

TALORT Obergurgl im Ötztal

LAGE 3.006 Meter ü.M.

OFFEN Ende Juni bis Mitte September

ÜBERNACHTEN 18 Betten in Mehrbettzimmern, und 34 Matratzenlager, Winterraum

ESSEN Tiroler Hausmannskost auf hohem Niveau, 3-Gänge-Menüs zum Abendessen

GUT ZU WISSEN Rucksacktransport mit Materialseilbahn nach Anmeldung möglich.

RAMOLHAUS | TIROL | ÖSTERREICH

Die Schlafzimmer des Ramolhauses sind nicht nur gemütlich, sondern bieten auch eine tolle Aussicht auf die umliegenden Gipfel.

Der angenehm steil verlaufende Zustieg zum Ramolhaus führt entlang gut markierter Wege.

Stammgäste an. Die Zutaten kommen von der Zucht des Pächters und von Bio-Bauern aus der Umgebung, alles also sehr regional. Doch man sollte sich, auch wenn das Schnitzel noch so gut schmeckt, unbedingt etwas Platz im Bauch lassen für die köstlichen Süßspeisen, die es anschließend gibt. Nur die Entscheidung zwischen Apfelstrudel und Topfenpalatschinken fällt dann noch schwer.

Wer möchte, kann von der Hütte aus den Weg in Richtung Ramolferner einschlagen, genauer gesagt zum Nördlichen Ramolkogel, der auf rund 3.400 Meter führt. Dabei ist das Anlegen von Steigeisen unerlässlich. Immer steiler wird der Weg den Gletscher hinauf zum Ansatz des rechten Grates. Über diesen steigt man dann genussvoll zum Gipfelkreuz, das von einer Weltkugel geziert wird. Diese erinnert an den Tiroler Kartografen Peter Anich, nach dem der Gipfel auch benannt wurde. Der Rückweg zur Hütte ist problemlos. Und dann freut man sich, gemeinsam auf die tolle Tagestour anzustoßen.

HÜTTENTOUREN

TOUR 1 LANGTALERECKHÜTTE
Über die tief eingeschnittene Schlucht der Gurgler Ache führt eine Schwindel erregende Hängebrücke zur Langtalereckhütte.
» 250 HM » 5 km » 2,5 h » mittel

TOUR 2 HINTERER SPIEGELKOGEL & FIRMISANSCHNEIDE
Die grandiose Tour über die zwei Dreitausender ist mit Klettereien II. Grades gewürzt und endet mit dem Talabstieg nach Obergurgl.
» 800 HM » 12,5 km » 5,5 h » mittel

TOUR 3 SCHALFKOGEL
Vom Ramolhaus verläuft die Route südwärts zum Firmisanjoch – Achtung Spaltengefahr! Alpiner, nicht sonderlich gefährlicher Gipfel.
» 600 HM » 4 km » 3 h » mittel

ÖSTERREICH | TIROL

27

Beim Drachen

COBURGER HÜTTE Die Coburger Hütte liegt direkt oberhalb des dunklen, aber gleichzeitig wunderschönen Drachensees. Aber nicht nur dieser sorgt für ein tolles Ambiente, auch der Blick über den schönen Seebensee hinweg bis zur mächtigen Zugspitze begeistert Gäste immer wieder. Die Hütte hat sicherlich einen der schönsten Standorte in den Nördlichen Kalkalpen.

Eingebettet zwischen dem türkisblauen Seebensee und dem nicht minder bezaubernden Drachensee genießt die Coburger Hütte eine unvergleichliche Aussicht auf die formschönen Gipfel der Mieminger Kette.

Unzählige Male sind wir schon zur Coburger Hütte gestiegen. Über den spannenden Hohen Gang oder gemütlich von der Bergstation der Gondelbahn zur Ehrwalder Alm.

Heute entdecken wir tatsächlich eine neue Variante. Da der Hohe Gang vorübergehend gesperrt ist, weichen wir auf den Ilmensteig aus. Dieser führt nach einem harmlosen Start ziemlich steil über eine Felsstufe nach oben. Das teilweise sehr erdige Gelände benötigt unbedingt trockene Verhältnisse. Oben treffen wir dann auf die breite Schotterstraße, die zur Seebenalm führt. Wir steigen noch ein Stück weiter bergauf, wo auch schon der erste Höhepunkt unserer Wanderung auf uns wartet: der Seebensee. Es ist einfach ein magischer Ort. Der wunderschöne See liegt hier mitten in der Mieminger Kette, und im Hintergrund erhebt sich die mächtige Zugspitze.

Wir wandern am See entlang und starten dann den steilen Schlussanstieg zur Coburger Hütte. Mit jedem Höhenmeter wird die Aussicht großartiger, und wir genießen die traumhafte Landschaft.

ÖSTERREICH | TIROL | COBURGER HÜTTE

Wenn man dann endlich angekommen ist, erwarten die gastfreundlichen Hüttenwirte Jürgen und Sonja schon die Ankömmlinge. Die beiden kümmern sich so rührend um die Gäste, dass jegliche Anstrengung des Anstiegs schnell vergessen ist. Auch der Körper kann dank der gutbürgerlichen Küche rasch neue Energie tanken. Frisch zubereitet schmecken Tiroler Speck mit Kasknödel-Suppe oder eine Brettljause hervorragend. Auch vegetarische Gerichte werden angeboten, und für Süßmäuler gibt's Kaiserschmarrn mit Apfelmus.

Erholsamen Schlaf findet man in den Stockbetten, die auf Zimmer unterschiedlichster Größe aufgeteilt sind – von Viererzimmern bis zum Dreizehnerlager. Die Nutzung von Hütten- oder Leinenschlafsäcken ist verpflichtend. Wer keinen mitgebracht hat, muss sich aber nicht direkt wieder an den Abstieg machen, denn sie stehen in der Hütte zum Verkauf.

Zur Ausstattung der Hütte gehören sowohl ein Schuhraum als auch ein Trockenraum,

KURZ ERFASST

TALORT Ehrwald

LAGE 1.920 Meter ü.M.

OFFEN Juni bis Anfang Oktober

ÜBERNACHTEN 80 Matratzenlager, Winterraum in Seilbahnstation mit 6 Lagern

ESSEN gute Tiroler Hausmannskost, für Kinder gibt es ein spezielles Angebot

GUT ZU WISSEN Bis zur Materialseilbahn kann man mit dem Bike fahren. Kostenloses Internet ist verfügbar.

COBURGER HÜTTE | TIROL | ÖSTERREICH

Der Hohe Gang, der von Ehrwald aus zur Coburger Hütte führt, erfordert Trittsicherheit und Schwindelfreiheit.

Der leuchtend türkise Seebensee, ein natürlicher Hochgebirgssee, sorgt gerade in den Sommermonaten für eine wohltuende Erfrischung.

sodass, selbst wenn der Anstieg verregnet war, alle Habseligkeiten wieder trocken werden. Eine Annehmlichkeit, die auf Hütten eher unüblich ist, sind Warmwasserduschen. 2011 wurden die Waschräume und Toiletten umfassend erneuert und werden sauber gepflegt.

Der erste Hüttenbau geht übrigens auf 1890 zurück. Seitdem wurde die Coburger Hütte mehrfach erweitert. Im Rahmen des Ausbaus erhielt sie ein Blockheizkraftwerk mit Pflanzenöl. Auch sonst wird umweltfreundlicher Technologie auf der Hütte große Beachtung geschenkt. Das Material und die Zutaten zum Kochen werden beispielsweise nicht eingeflogen, sondern mit einer Windenseilbahn zur Hütte transportiert.

Neben dem Blockheizkraftwerk wird Energie zudem über eine moderne Photovotaikanlage, einen wartungsfreien Batterieverband und drei bidirektionale Inselwechselrichter erzeugt. Das oberste Ziel hierbei ist, eine CO_2-neutrale Versorgung der Hütte zu gewährleisten, damit auch in Zukunft die Natur genossen werden kann.

HÜTTENTOUREN

TOUR 1 SCHACHTKOPF
Der Rundweg führt über die Biberwierer Scharte und den Schachkopf zum einstigen Erzabbaugebiet Silberleithe und zurück.
» 920 HM » 8,5 km » 4,5 h » leicht

TOUR 2 HINTERER TAJAKOPF
Obwohl der Hintere Tajakopf zu den leichteren Gipfeln in der Umgebung der Coburger Hütte zählt, ist die letzte Passage nur für trittsichere und schwindelfreie Bergsteiger geeignet.
» 560 HM » 5 km » 3 h » mittel

TOUR 3 SONNENSPITZRUNDE
Die Umrundung des Ehrwalder Matterhorns beginnt bei der Talstation Ehrwalder Almbahn und kann mit einer Übernachtung in der Coburger Hütte kombiniert werden.
» 1.050 HM » 13,5 km » 7 h » mittel

ÖSTERREICH | TIROL

Die Wasserhütte

WINNEBACHSEEHÜTTE Die kleine Winnebachseehütte liegt idyllisch am gleichnamigen See, der gemeinsam mit dem benachbarten Wasserfall ein wunderschönes Ambiente bildet. Die Hütte ist sommers wie winters ein beliebtes Bergsteigerziel. Dazu tragen neben der grandiosen Lage auch die Attraktivität des Gebietes und die familienfreundliche Bewirtschaftung bei.

← Das beste der drei Elemente Wasser, Erde und Luft findet man auf der Winnebachseehütte: In einer Höhe von 2.372 Metern hat sie ihren Platz zwischen zackigen Gipfeln am Ufer eines klaren Bergsees gefunden.

Schon im Jahr 1900 beschloss die Sektion Frankfurt an der Oder, das herrliche Fleckchen wasserreicher Erde nördlich über Gries im Sulztal mit einem Stützpunkt für Bergsteiger auszustatten. Heute gehört die Hütte der Sektion Hof, die sie 1954 übernahm. Seit 1955 wird sie von der Familie Riml bewirtschaftet, welche die Hütte während eines Generalumbaus unter anderem mit einer neue Gaststube mit Panoramafenster ausgestattet hat.

Egal auf welchem Weg man zur Hütte gelangt – ob von Gries im Sulztal oder von Winnebach – am Ziel angekommen, tut es richtig gut, die strapazierten Füße ins kalte Wasser des Winnebachsees zu hängen, bevor man den Tag auf der Terrasse mit Blick auf einen gigantischen Wasserfall oder in einer der gemütlichen Stuben ausklingen lässt. In keinem Fall sollte man sich das liebevoll zubereitete Abendessen entgehen lassen, bei dem man zwischen drei Gerichten wählen kann, wobei eines davon vegetarisch ist. Die Wirtsleute geben ihr Bestes, um Rücksicht auf Allergien und Nahrungsunverträglichkeiten zu

ÖSTERREICH | TIROL | WINNEBACHSEEHÜTTE

nehmen – vorausgesetzt, sie werden bei der Anmeldung darüber informiert. Zutaten wie Eier, Speck, Fleisch, Brot und Kartoffeln stammen aus der Region von Ötztaler und Oberländer Bauern. Je nach Bedarf gibt es zum Drei-Gänge-Menü ein erfrischendes oder ein wärmendes Getränk.

Wer nach dem Abendessen nicht gleich wohlig gesättigt ins Bett fällt, genießt das gesellige Beisammensitzen mit anderen Bergsteigern. Dabei hat man die Qual der Wahl: Entweder setzt man sich in die »Frankfurter Stube«, die mit der originalen Vertäfelung aus dem Gründungsjahr traditionellen Charme besitzt, oder an den gemütlichen Ofen in der »Hofer Stube«. Oder möchte man lieber den spektakulären Blick zum See und Wasserfall durch die riesigen Panoramafenster der »Wasserfallstube« genießen?

KURZ ERFASST

TALORT Gries im Sulztal

LAGE 2.372 Meter ü.M.

OFFEN Anfang März bis Ende April, Ende Juni bis Ende September

ÜBERNACHTEN 3 Doppelzimmer, 2 Mehrbettzimmer mit insgesamt 9 Betten, 22 Matratzenlager, Winterraum mit 10 Lagern

ESSEN regionale Troler Hausmannskost, mittags à la carte, abends Auswahl zwischen drei Gerichten

GUT ZU WISSEN Gepäcktransport auf die Hütte ist dank der Materialseilbahn möglich. Klettersteig und Klettergärten befinden sich ganz in der Nähe.

WINNEBACHSEEHÜTTE | TIROL | ÖSTERREICH

Bei einer kurzen Verschnaufpause kann man den Blick gar nicht abwenden von dem imposanten Wasserfall.

Der Wasserfall, der sich in den Winnebachsee ergießt, ist schon zu sehen. Das heißt: Zur Hütte ist es nicht mehr weit.

Für die Nacht kommt man entweder in einem der drei Doppelzimmer mit Stockbett oder in einem Mehrbettzimmer unter, oder man schläft mit authentischem Lagerfeeling in einem der drei großen Räume für bis zu acht Personen. Im Winter steht den Tourengehern ein Winterraum mit neun bis zwölf Plätzen zur Verfügung.

Als Ziel- und Stützpunkt kommt die Winnebachseehütte besonders bei Wanderern, Bergsteigern, Kletterern, Skitourengehern und Schneeschuhwanderern gut an, aber auch Kindern bietet sich hier eine große Spielwiese: Ein Spielplatz mit Sand lädt zum Buddeln und Schaukeln ein, Blöcke im Hüttenumfeld sind ideales Turngelände, und Bäche aufzustauen war schon immer ein großer Spaß. Ein besonderes Erlebnis sind die hütteneigenen Schweine und Ziegen. Im Klettergarten mit dem netten Namen Kleinkanada bieten sich für die kleinen Kraxler erste Schritte im senkrechten Fels unter Aufsicht der Eltern an.

HÜTTENTOUREN

TOUR 1 ERNST-RIML-SPITZE
Vom Wanderparkplatz Längenfeld aus gelangt man zunächst zur Winnebachseehütte und schließlich zur 2.512 Meter hoch gelegenen Ernst-Riml-Spitze. Die Genusstour eignet sich für Familien mit Kindern.

» 930 HM   » 11 km   » 5 h   » mittel

TOUR 2 SELLRAINER HÜTTENRUNDE
Die anspruchsvolle Rundtour führt in neun Etappen über schöne Gipfel durch stille Täler und von Hütte zu Hütte. Auf hochalpinen Wegen wandert man durch das Sellraintal und das Ötztal bis ins Inntal. Start- und Endpunkt befindet sich in Sellrain.

» 10.620 HM   » 120 km   » 72 h   » schwer

🇦🇹 ÖSTERREICH | TIROL | WINNEBACHSEEHÜTTE

Historische Besiedelung

Wasser übt schon immer eine besondere Anziehung auf den Menschen aus, ist es doch das Elixier des Lebens. So fand man in der Nähe der Winnebachseehütte Überreste von historischen Feuerstellen, welche auf die Zeit von 1460 bis 1310 v. Chr. datiert wurden. Die Gegend war also schon in der mittleren Bronzezeit, welche gleichzeitig als Höhepunkt der Almwirtschaft im Ötztal galt, besiedelt. Wer hierbei an den berühmten Toten im Eis, weltweit als »Ötzi« bekannt, denkt, hat jedoch weit gefehlt. Denn Ötzi, der 1991 zufällig entdeckt wurde, starb Berechnungen und Untersuchungen zufolge zwischen 3359 und 3105 v. Chr, also deutlich früher. Doch immerhin liegt der Fundort der Eismumie nur rund 40 Kilometer Luftlinie von der Hütte entfernt.

Während der Mann im Bild einen Topf formt, sammeln die zwei Jungen Zweige für das Feuer. So ähnlich könnte der Alltag am Winnebachsee in der mittleren Bronzezeit ausgesehen haben.

WINNEBACHSEEHÜTTE | TIROL | ÖSTERREICH

ÖSTERREICH | TIROL

Die Musikalische

SIEGERLANDHÜTTE Die Siegerlandhütte liegt im hintersten Windachtal in den Stubaier Alpen. Der Weg von Sölden ist weit, kann aber mit einem Taxibus verkürzt werden. Die Hütte ist einfach, aber sehr gemütlich. In der kleinen Gaststube kann man einen schönen Bergtag ausklingen lassen. Wer die Gemütlichkeit noch etwas befeuern möchte, kann dies mit einem abendlichen Lied tun.

Wenn der Himmel keine Regenwolke zeigt und die Temperaturen weder zu heiß noch zu kalt sind, ist man an einem Wochenende auf dem Weg zur Sonklarspitze nie allein unterwegs. Es handelt sich immerhin um einen der höchsten Stubaier Berggipfel. Wenn man dann schließlich den Schlusshang zur Hütte hinaufsteigt und immer wieder Wanderer entgegenkommen, die erzählen, dass die Hütte voll ist, kann schon mal leichte Unsicherheit aufsteigen. Vorher reservieren ist hier der Schlüssel zum Glück. Denn dann kann man sich sicher sein, nicht umkehren zu müssen, und sich auf den eigenen Platz in der Hütte freuen.

Die Hütte ist oft wirklich bis auf den letzten Platz gefüllt, zum Beispiel wenn die Sektion Günzburg, eine Patensektion, zu Besuch ist. Nach dem Abendessen geht es dann sehr musikalisch zu. Liederhefte werden ausgepackt und an alle Freiwilligen verteilt. Jeder wird sofort eingeladen, mitzusingen, und so erfüllen die heiteren oder wehmütigen Klänge von Bergliedern die gemütliche Stube.

← Orange-blau gestreifte Fensterläden zieren den imposanten Steinbau der Siegerlandhütte auf 2.710 Metern Höhe.

ÖSTERREICH | TIROL | SIEGERLANDHÜTTE

KURZ ERFASST

TALORT Sölden im Ötztal

LAGE 2.710 Meter ü.M.

OFFEN Anfang Juli bis Ende September

ÜBERNACHTEN 10 Betten in Zwei-, 18 Betten in Mehrbettzimmern, 21 Matratzenlager

ESSEN authentische, einfache, tirolerische Speisen, leckere Kuchen, am Abend wird gesellig zusammengesessen

GUT ZU WISSEN Man sollte sich drei Tage Zeit nehmen und unbedingt einen der zahlreichen Gipfel besteigen.

Lässt man den Blick durch das Windachtal schweifen, fällt einem sofort der markante Gaiskogel ins Auge.

Am nächsten Tag hat man den gelungenen Hüttenabend sicherlich noch nicht vergessen, doch nun heißt es erst einmal, die klare Morgenluft genießen. Es ist noch kühl, die Sonne erkämpft sich erst ihren Weg zum Himmel, doch in eine warme Jacke eingepackt, genießt man vor der Hütte stehend den Blick wie auf eine andere Welt. Östlich von uns liegt der große Übeltalferner, umrahmt von Zuckerhütl, Wildem Pfaff und Wildem Freiger. Die beiden Hütten auf Südtiroler Seite, die Müllerhütte und das Becherhaus, kann man auch gut erkennen. Im Süden erhebt sich noch der mächtige Botzer, ein eher abweisender Gipfel.

Inmitten dieser herrlichen Szenerie wurde im Jahre 1930 die Siegerlandhütte eingeweiht. Sie ist der ganze Stolz der gleichnamigen Alpenvereinssektion. Auf der Sektionshomepage ist zu lesen, dass die Verbundenheit der Mitglieder zur Siegerlandhütte das wertvollste Kapital des Vereins ist. Viele Siegerländer bezeichnen sie sogar als ihre Heimat im Hochgebirge. So verwundert es nicht, dass viele Arbeitseinsätze ehrenamtlich von den eigenen

Sektionsmitgliedern durchgeführt werden. Aber nicht nur die Siegerländer arbeiten regelmäßig auf der Hütte, auch die Günzburger trifft man hier fast immer an. Die Sektion Günzburg hat selbst keine eigene Alpenvereinshütte und deshalb die Patenschaft für die Siegerlandhütte übernommen. Man merkt der Hütte das Herzblut und die Leidenschaft der ehrenamtlichen Helfer an. Denn so gemütlich die Hütte ist, so sauber und gepflegt ist sie auch.

Wenn man von einem Tagesausflug zur Hütte zurückkehrt, genießt man am besten erst einmal einen leckeren Kuchen der Wirte auf der sonnigen Bank an der Südseite. Spielt das Wetter mal nicht mit, dann ist das kein Grund zur Sorge, denn drin in der Hütte wartet schon der warm knisternde Kachelofen. Am Abend darf man sich dann auf eine deftige Mahlzeit nach traditionellen Tiroler Rezepten freuen. Bei all dem Komfort vergisst man leicht, dass man sich in über 2.700 Metern Höhe befindet. Die Versorgung mit Strom ist eine Herausforderung – umso erfreulicher ist die Auszeichnung mit dem Umweltgütesiegel.

Der 3.055 Meter hohe Scheiblehnkogel am Ende des Windachtals gilt als Hausberg der Siegerlandhütte.

HÜTTENTOUREN

TOUR 1 SCHEIBLEHNKOGEL
Für viele ist der Scheiblehnkogel der erste Dreitausender in ihrem Leben, da er von der Siegerlandhütte aus leicht zu erreichen ist. Im Frühjahr auch als Skitour möglich.
» 360 HM   » 3 km   » 1,5 h   » mittel

TOUR 2 SONKLARSPITZE
Die wenig begangene Skitour führt über steiles Gelände und wird mit einer Traumabfahrt über den Triebenkarlasferner belohnt.
» 950 HM   » 8 km   » 4 h   » schwer

TOUR 3 HÜTTENTOUR WINDACHTAL
Die 5-Tage-Etappenwanderung führt zu den schönsten und höchsten Hütten der Ötztaler Alpen: Brunnenkoglhaus, Siegerlandhütte, Hildesheimer Hütte und Hochstubaihütte.
» 4.000 HM   » 52 km   » 18 h   » schwer

ÖSTERREICH | TIROL

Die Vielseitige

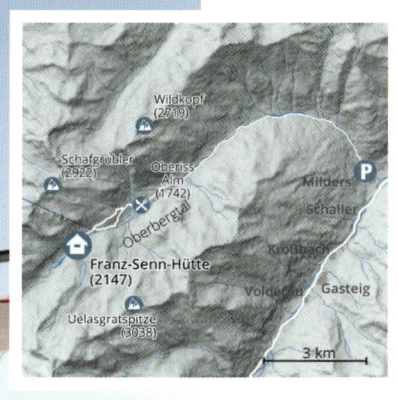

FRANZ-SENN-HÜTTE Wandern, Bergsteigen, Hochtouren, Klettern, Klettersteig, Skitouren, Skihochtouren und sogar Baden. Es gibt wohl nur wenige Hütten in den Ostalpen, die so vielfältige Betätigungsmöglichkeiten wie die Franz-Senn-Hütte haben. Das hat sich inzwischen auch bei Familien und Alpenvereinssektionen herumgesprochen, sodass die Hütte sehr beliebt ist.

Endlich stehen wir am Eingang zur Franz-Senn-Hütte. Es ist schon 21 Uhr, viel später als geplant sind wir zum Abendessen in der Hütte. Eigentlich war es eine bekannte Tour, die wir schon so oft mit Gruppen gegangen sind. Über den Turmferner zum Vorderen Wilden Turm und über die Turmscharte und den Verborgenen-Berg-Ferner zurück zur Hütte. Irgendwie hat heute alles länger gedauert. Wir freuen uns aber, endlich beim abendlichen Drei-Gang-Menü zu sitzen und den Tag ausklingen zu lassen. Zumindest haben wir diesen langen Sommertag ausgiebig genutzt.

Zu den Stärken der Franz-Senn-Hütte zählt die Lage. Man kann sich je nach Verhältnissen, Können, sowie Lust und Laune sein Tagesprogramm zusammenstellen. Viel Spaß und Abenteuer versprechen die Klettergärten und Klettersteige um die Hütte. Obwohl er relativ kurz ist, heißt es doch ordentlich zupacken am Edelweiß-Klettersteig. So mancher kam hier schon an seine Grenzen. Noch ein Stück eindrücklicher ist der Höllenrachen-Klettersteig. Direkt über dem tosenden

← Die bunten tibetischen Gebetsflaggen sollen an die Zeit erinnern, als Horst Fankhauser– Vater des jetzigen Hüttenwirts und zugleich legendärer Bergsteiger – 1972 in einem Schneesturm unterhalb des Manaslu knapp mit dem Leben davongekommen ist.

ÖSTERREICH | TIROL | FRANZ-SENN-HÜTTE

Wasser führt er durch den dunklen Schlund. Wer einen Klettersteig mit einem Gipfelerlebnis kombinieren möchte, der kann dies perfekt an der Rinnenspitze, einem richtigen Dreitausender. Der ausgesetzte Gipfelklettersteig ist verhältnismäßig einfach, die Rundschau dafür grandios. Neben den beeindruckenden Eisriesen der Stubaier Alpen fällt unser Blick senkrecht nach unten. Dort liegt das blaue Auge des Rinnensees.

Aber natürlich ist die Franz-Senn-Hütte vor allem eine Hochtourenhütte, auch wenn sich die Gletscher stark zurückgezogen haben. Allein der mächtige Alpeiner Ferner hat sich seit seinem Höchststand 1850 um über 2,5 Kilometer zurückgezogen. Der höchste Gipfel im Umkreis der Hütte ist die Ruderhofspitze. Der Anstieg über den flachen Gletscher ist allerdings ordentlich lang. Schneller erreicht werden können die Turmscharte und die Innere Sommerwand. Aber auch hier sind die Gletscher in den letzten

KURZ ERFASST

TALORT Neustift im Stubaital

LAGE 2.147 Meter ü.M.

OFFEN Ende Februar bis Anfang Mai und Mitte Juni bis Ende September

ÜBERNACHTEN keine Doppelzimmer, 80 Betten in Mehrbettzimmern, 100 Matratzenlager, Winterraum mit 12 Lagern

ESSEN gute Tiroler Küche mit Frühstücksbuffet und Abendmenü

GUT ZU WISSEN Mit der Materialseilbahn kann man auch Gepäck für mehrere Tage auf die Hütte befördern.

Wer der Meinung ist, dass Omas Apfelstrudel der beste ist, sollte unbedingt mal die köstliche Kreation auf der Franz-Senn-Hütte probieren. (oben)
Bald ist es geschafft – die Hütte ist schon in Sichtweite! (unten)

Auf dem Gipfel des Aperer Turms hat man einen einzigartigen Blick über das Alpeinertal.

Jahren abgeschmolzen und präsentieren immer mehr lockeren Fels. Daher unternimmt man diese Bergfahrten gern im Frühsommer.

Für Familien gibt es neben den Klettergärten, den Klettersteigen auch einen Flying Fox über den Gschwetzbach, der Alt und Jung richtig Freude bereitet. Auch im Winter ist die Hütte beliebt.

Gerade die Skitouren zum Wilden Hinterbergl, der Ruderhofspitze, der Inneren Sommerwand oder der steilen Östlichen Seespitze sind Skitourenklassiker in den Ostalpen.

Die Hütte selbst ist sehr komfortabel und hebt sich so von zahlreichen ursprünglichen Hütten in den Alpen deutlich ab. Sie verfügt über Warmwasser und kostenfreie Dusche, über WLAN und Handyempfang. Verwöhnt wird man mit einem leckeren Frühstücksbuffet und einem tollen Abendmenü.

Für die Energie sorgt eine hybride Heizanlage mit Strom, Öl und Pyrolyse, zudem erfolgt die Entsorgung über eine teilbiologische Kläranlage. Sein Gepäck kann man nach Absprache bequem mit der Materialseilbahn nach oben fahren, sodass man auch für mehrere Tage gut ausgerüstet ist.

HÜTTENTOUREN

TOUR 1 VORDERE SOMMERWAND
Bei der Tour auf die Vordere Sommerwand handelt es sich um eine einfache Kletterroute, die als Seilschaft begangen wird.
» 560 HM   » 3 km   » 3,5 h   » leicht

TOUR 2 INNERE SOMMERWAND
Besonders eindrucksvoll ist der unscheinbare Gipfel im Winter – in Kombination mit einer Skitour. Von der Franz-Senn-Hütte über den Sommerwandferner zur Kräulscharte, wo es zu Fuß über den teilweise versicherten Felsgrat zum Gipfel geht.
» 1.250 HM   » 17 km   » 4 h   » mittel

TOUR 3 APERER TURM
Der aussichtsreiche und technisch leichte Gipfel lässt sich über den Alpeiner Ferner erreichen. Auf dem Weg müssen drei kurze seilversicherte Stellen bewältigt werden.
» 820 HM   » 12 km   » 5 h   » mittel

ÖSTERREICH | TIROL

Das Basislager

31

Bekanntlich findet sich am Ende eines Regenbogens ein Schatz. Also nichts wie rein in die Nürnberger Hütte!

NÜRNBERGER HÜTTE Die stattliche Nürnberger Hütte ist nicht nur Station am Stubaier Höhenweg, sie ist auch das Basislager für den mächtigen Wilden Freiger sowie für den Östlichen Feuerstein. Zwei wirklich großartige Gipfel in den Stubaier Alpen. Neuerdings gibt es noch die Möglichkeit einer grandiosen Runde mit der Überschreitung des Wilden Freigers.

Schwer ist der Rucksack an diesem Montag im August. Wir haben uns heute zu zweit auf den langen Hüttenweg von Ranalt über die Bsuchalm zur Nürnberger Hütte aufgemacht. So sind wir dann auch sehr erleichtert, als wir den alten Steinbau erreichen, wo wir von der Familie Siller freundlich empfangen und in ein gemütliches Doppelzimmer einquartiert werden.

Am nächsten Tag steigen wir hinauf zum berühmten Stubaier Dreitausender, den Wilden Freiger. Einst erforderte der Gipfelanstieg noch Gletschausrüstung, heute ist der Grüblferner soweit zurückgegangen, dass man nur noch ein Firnfeld betritt, um auf den Signalgipfel zu gelangen. Von hier ist es nicht mehr weit bis zum Hauptgipfel. Wer noch nicht genug hat, dem ist der Übergang nach Südtirol zu empfehlen. Der Abstieg über den blockigen Südgrat zum Becher ist ein Genuss und nicht besonders schwierig.

Auch der Östliche Feuerstein lässt sich von der Nürnberger Hütte aus gut besteigen. Im Gegensatz zum Freiger geht es zum Feuerstein aber über einen Gletscher. Der Grat vom Pfler-

ÖSTERREICH | TIROL | NÜRNBERGER HÜTTE

KURZ ERFASST

TALORT Ranalt

LAGE 2.278 Meter ü.M.

OFFEN Mitte Juni bis Anfang Oktober

ÜBERNACHTEN zwei Doppelzimmer, 46 Betten in Mehrbettzimmern, 93 Matratzenlager

ESSEN qualitative und frische Küche

GUT ZU WISSEN Wer nicht auf den Wilden Freiger möchte, sollte unbedingt bis zum Gamsspitzl hochsteigen.

Auf dem Weg von der Nürnberger zur Bremer Hütte kommt man an einem malerischen kleinen Hochmoor vorbei, welches zurecht »Paradies« genannt wird.

scher Hochjoch zum Gipfel erfordert Achtsamkeit und viel Erfahrung in einem solch brüchigen Gelände.

Die Nürnberger Hütte ist somit allein durch ihre Lage ein großartiges Basislager für zahlreiche solcher Unternehmungen. Eigentlich verbindet man den Begriff ja sofort mit einem zweckmäßigen, wenig komfortablen Zeltlager fern von jeder Form von Infrastruktur. Davon kann auf der Nürnberger Hütte in keinem Fall die Rede sein: Gemütlichkeit, Gastfreundschaft, Geschmack, das zeichnet die Hütte aus. Sogar warme Duschen gibt es, die allerdings minutenweise bezahlt werden müssen.

Die herzlichen Wirtsleute Martina und Leonhart Siller beziehen fast alle Lebensmittel vom eigenen Bio-Hof im Tal, ob Milch, Butter, Käse, Obst und Gemüse oder Fleisch aller Art. Und das schmeckt man. Selten bekommt man so ausgezeichnete Gerichte auf einer Berghütte serviert. Außerdem ergänzt das Hüttenteam die kulinarische Schmankerln gern mal mit Prosecco, der sie mit selbst angesetztem Alm-

NÜRNBERGER HÜTTE | TIROL | ÖSTERREICH

rosensirup gemixt wird. Abends wird dann oft noch in gemütlicher Runde das ein oder andere Lied angestimmt, denn das Team um Familie Siller ist sehr musikalisch.

Wenn man sich dann in die bequemen Betten zurückzieht, wird man sicher gut gelaunt einschlafen – und gut gestärkt. Am nächsten Morgen hat man dann jedoch trotzdem wieder Hunger. Den stillt man Dank eines abwechslungsreichen Frühstücksbuffets im Nu.

Langweilig wird es auf der Nürnberger Hütte nicht so bald, sie bietet zum Beispiel einen kleinen Übungsklettersteig, der auf einen schönen Aussichtsfelsen führt, sowie einen tollen Klettergarten. Beides ist auch für Kinder gut geeignet, um die ersten Schritte am steilen Fels zu unternehmen. Zudem finden Kinder bei schlechtem Wetter die Möglichkeit, sich im Indoor-Kletter-Spielraum auszutoben. Sogar eine Tischtennisplatte gibt es. Es ist also kein Wunder, warum die Nürnberger Hütte vom Alpenverein in die Aktion »Mit Kindern auf Hütten« aufgenommen wurde.

Direkt an den Ufern des türkisfarbenen Grünausees verläuft eine Etappe des Stubaier Höhenwegs.

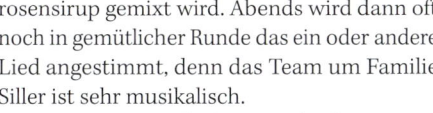

HÜTTENTOUREN

TOUR 1 MAIRSPITZE
Geübte Wanderer dringen während dieser Tour ohne besondere technische Schwierigkeiten in die Hochgebirgswelt des Stubai ein.
» 470 HM » 2 km » 1,5 h » mittel

TOUR 2 SULZENAU HÜTTE
Von grünen Bergmatten, lieblichen Bergseen bis hin zu schneeweißen Gletschergiganten ist auf der Wanderung übers Niederl alles dabei.
» 330 HM » 5 km » 2,5 h » schwer

TOUR 3 BREMER HÜTTE
Die 6. Etappe des Stubaier Höhenweges verläuft über Gletscherschliffplatten und das Hochmoor »Paradies« zur Bremer Hütte.
» 600 HM » 6 km » 4 h » schwer

ÖSTERREICH | TIROL

Klettergeschichte

Das helle Blau des wolkenlosen Himmels, die ockerfarbenen Felszacken und die gelben Blüten auf der sattgrünen Wiese – an kräftigen Farben wurde in der Umgebung der Falkenhütte nicht gespart.

FALKENHÜTTE Im Schatten der mächtigen Laliderer Wände liegt die Falkenhütte auf einem grünen Boden im nördlichen Karwendelgebirge. Hier wurden viele Jahre abenteuerliche Klettergeschichten geschrieben. Auch wenn diese Zeiten lange vorbei sind, so steht man immer noch ehrfürchtig unter diesen eindrucksvollen Felswänden.

Hört man dem über 80 Jahre alten Horst Wels, dem langjährigen Hüttenwart der Falkenhütte, zu, wird man sich leicht von seiner Begeisterung für die Berge anstecken lassen. Horst hat in seinem Leben viele alpinistische Leistungen vollbracht, wie zum Beispiel die erste Winterbegehung des Wettersteingrates. Er erzählt gern von den Laliderer Wänden, den eindrucksvollen Felswänden über der Falkenhütte. Sie gehören sicherlich zu den herrlichsten Felswänden im Karwendelgebirge. Besonders bekannt ist die Herzogkante, die gerade hinauf in Richtung Himmel führt. Sie wird auch heute immer wieder einmal begangen. Die anderen Routen in den Wänden finden kaum mehr Beachtung. Zu sehr hat sich das Klettergeschehen in die Klettergärten oder zu sehr gut abgesicherten Plaisierrouten verlagert. Heute ist Abenteuer nicht mehr so gefragt. Früher war das anders. Bereits 1911 erfolgte die Erstbegehung der eindrucksvollen Wände und der Herzogkante. Horst Wels war auch viele Jahre in diesem Gebiet unterwegs. Seine große Liebe gehört jedoch den Laliderer Wänden. Später wurde er Hüttenwart auf der Falkenhütte. Ihm zu Ehren wurde das

ÖSTERREICH | TIROL | FALKENHÜTTE

KURZ ERFASST

TALORT Hinterriß

LAGE 1848 Meter ü.M.

OFFEN Anfang Juni bis Oktober

ÜBERNACHTEN 60 Betten in Mehrbettzimmern, 10 Betten in Zweibettzimmern, 60 Matratzenlager, Winterraum mit 8 Matratzenlagern

ESSEN ausgesuchte regionale Schmankerl

GUT ZU WISSEN Durch das Johannistal kann man wunderbar mit dem Rad zur Hütte fahren. Dazu braucht es nicht einmal ein E-Bike. Trinkwasser zum Auffüllen der Flaschen gibt es kostenlos.

Nebengebäude in Horst-Wels-Haus umbenannt. Der Grundstein zur Hütte wurde im Jahr 1921 gelegt. Seitdem stand sie auf den grünen Almböden, die einen herrlichen Kontrast zu den düsteren Wänden bilden.

Im Jahr 2017 begann die Sanierung der Hütte, und die »schönste Baustelle der Welt« entstand. Allerdings endete damit auch die Ära der Familie Kostenzer, die seit 1947 die Hütte bewirtschaftete. Bei der Sanierung wurde die historische Stube, die unter Denkmalschutz steht, in viel Detailarbeit restauriert. Besonders hervorzuheben sind die historische Uhr, die Anrichte und der Erker. Das Horst-Wels-Haus wurde sogar komplett abgerissen und an anderer Stelle neu aufgebaut. Nach drei Jahren öffnete die Hütte im August 2020 unter den neuen Wirten Claudia und Bertl wieder ihre Türen.

Wenn die Kletterer nicht mehr kommen, wer besucht dann die Hütte? In erster Linie sind das zwei Personengruppen. Einerseits die

FALKENHÜTTE | TIROL | ÖSTERREICH

Die fast senkrechten Felswände der Laliderer Wände ziehen nicht nur ambitionierte Kletterer in ihren Bann.

Der Sonnenaufgang taucht den Karwendelhauptkamm in ein wunderschönes Morgenrot.

Mountainbiker, da sich sowohl das Johannistal als auch das Laliderertal ideal zum Biken anbieten. Man strampelt durch ein Tal bergauf und gönnt sich auf der Falkenhütte eine Erfrischung. Danach braust man freudig durch das andere Tal wieder zurück. Ein besonderes Augenmerk sollte man noch auf den Kleinen Ahornboden am Ende des Johannistales legen. Dieses Kleinod ist viel schöner und beschaulicher als sein großer Bruder in der Eng.

Die zweite Zielgruppe sind die Wanderer. Führt doch die berühmte Karwendeltour von Scharnitz nach Pertisau über die Falkenhütte. Je nachdem wie man die Wanderung plant, kann man auf der Hütte übernachten. Dann genießt man in den neuen Lagern die Nacht in ökologischer Bettwäsche.

Aber auch für einen Tagesausflug lohnt sich eine Tour zur Hütte. Dabei wandert man die ganze Zeit unter den imposanten Wänden, die Fantasie setzt vor dieser Kulisse die größten Abenteuer in Szene.

HÜTTENTOUREN

TOUR 1 MAHNKOPF
Der Grasgipfel ist auf einer kleinen Wanderung leicht und locker in einer Stunde zu erreichen.
» 350 HM » 1,8 km » 1 h » leicht

TOUR 2 GAMSJOCH
Der lange Anstieg wird mit einer grandiosen Aussicht auf die Karwendel-Hauptkette bis hin zur Birkkarspitze belohnt.
» 965 HM » 7 km » 3,5 h » mittel

TOUR 3 KARWENDELTOUR
Die viertägige Karwendeltour ist eine Traumtour für alpine Genießer. Einkehrmöglichkeiten bieten die Lamsenjochhütte sowie die Alpengasthöfe Eng und Gramai.
» 4.500 HM » 52 km » 20 h » mittel

● ÖSTERREICH | TIROL | FALKENHÜTTE

70 Jahre Hüttenwirtsfamilie

Die Familie Kostenzer war über 70 Jahre mit der Hüttengeschichte fest verbunden, die ihre Sommer auf der Hütte verbrachte. 1946 übernahmen Tilli und Peter Kostenzer die Bewirtschaftung. Tilli starb bereits mit 44 Jahren, und Peter machte mit seinen fünf Kindern allein weiter. Sohn Fritz löste ihn mit 20 Jahren ab. Eigentlich war eine seiner Schwestern dafür vorgesehen. Doch sie heiratete, also blieb Fritz auf der Hütte. Er erkannte schnell, dass es seine Bestimmung war, hier oben die Gäste in seinem Zuhause zu bewirten. Gemeinsam mit seiner Frau Ursula führte er die Falkenhütte bis zum Jahr 2017, bis die Sanierung anstand. In den letzten Jahren wurden die beiden von ihren Söhnen tatkräftig unterstützt. Jetzt geht Fritz in den Ruhestand, und die Falkenhütte wird seit der Wiedereröffnung 2020 von einem neuen Pächterpaar bewirtschaftet.

Ein Blick in das Hüttenalbum vermittelt Eindrücke von anno dazumal: 1921, als der erste Stein gelegt wurde, fing alles an (Bild oben rechts).

FALKENHÜTTE | TIROL | ÖSTERREICH

ÖSTERREICH | TIROL

Die Kuschelige

Erst der Blick von oben verdeutlicht die traumhafte Lage der Gamshütte. Von der Terrasse genießt man eine tolle Aussicht ins Zillertal.

GAMSHÜTTE Die kleine Gamshütte im Zillertal ist eine besonders kuschelige Hütte. Teilweise liegen die Lager außerhalb in einer kleineren Nebenhütte. Die Aussichtslage unterhalb der Grinbergspitze hoch über dem hinteren Zillertal ist sensationell, so dass sie einen optimalen Startpunkt für den beliebten Berliner Höhenweg bietet.

Die Gamshütte ist ein Ort, an den man unweigerlich immer wieder zurückkehrt. Denn einmal dort gewesen, schließt man die kleine Hütte ins Herz und besucht sie wieder und wieder.

Lange Jahre gehörte sie der großen Sektion Berlin des Deutschen Alpenvereins. 1993 wurde sie von der kleinen bayerischen Sektion Otterfing erworben. Danach folgte eine umfassende Renovierung der Hütte mit Einbau einer Photovoltaikanlage und Einrichtung eines Waschraumes. Heute, fast 30 Jahre später, wird die Hütte erneut angepasst an die aktuellen Erfordernisse. Sie soll aber weiterhin die gemütliche Hütte bleiben, als die wir sie kennen und lieben gelernt haben. Es sollen vor allem neue Personalräume entstehen und die Küche auf ein moderneres Energiekonzept umgestellt werden. Die Außendusche mit Quellwasser bleibt erhalten. Warum diese so beliebt ist, liegt nicht nur an ihrer erfrischenden Funktion. Neben aller Zweckmäßigkeit bietet sie nämlich eine traumhafte Aussicht auf den Dristner und über das Floitental. Auch von der Terrasse hat man einen herrlichen Blick, hier jedoch ins Zillertal mit dem Penken und Rastkogel und weiter bis zu den Tuxer Alpen. Liebevoll und mit großem

ÖSTERREICH | TIROL | GAMSHÜTTE

KURZ ERFASST

TALORT Finkenberg

LAGE 1.921 Meter ü.M.

OFFEN Mitte Juni bis Ende September

ÜBERNACHTEN 38 Matratzenlager

ESSEN sehr schmackhafte Gerichte mit Suppen aller Art, selbst gebackenem Brot, Hüttenklassikern und der regionalen Spezialität »Zillertaler Holzknechtkrapfen«

GUT ZU WISSEN Es gibt kein warmes Wasser, und geduscht wird im Freien.

Das grüne Hochtal, in dem sich die Gemeinde Finkenberg befindet, schmiegt sich sanft ansteigend an die imposanten Berge von Mayrhofen.

Engagement bewirtschaftet Corinna Epp die Hütte. Die ehemalige Buchhändlerin aus München hat viele Sommer lang auf anderen Hütten gearbeitet und sich schließlich den Traum der eigenen Hütte erfüllt. Mit ihrem motivierten Team, das vorrangig aus Frauen besteht, sorgt sie für das Wohl der Gäste.

Dabei legt Corinna Wert auf regionale Zutaten für ihre kleine, aber feine Speisenauswahl. Die Gamshütte wurde mit dem DAV-Siegel »So schmecken die Berge« ausgezeichnet. Das heißt, dass die Zutaten in der Regel aus einem Umkreis von 50 Kilometern kommen. Daraus werden verschiedene Tagesgerichte, Suppen oder Brotzeit bereitet. Seit der Bewirtschaftung durch Corinna genießt die Hütte bei ihren Gästen einen hervorragenden kulinarischen Ruf und ist auch bei Einheimischen sehr beliebt. Gleich in ihrem ersten Jahr hat sie mit knapp über 2.000 Übernachtungen einen neuen Rekord aufgestellt.

Neben vielen Tagesgästen kommen vor allem Hüttenwanderer zur Gamshütte. Der

GAMSHÜTTE | TIROL | ÖSTERREICH

beliebte Berliner Höhenweg startet mit der Gamshütte als erster Übernachtungsmöglichkeit. Es ist ein schönes, ein freundliches Ankommen im Zillertal.

Am nächsten Morgen macht man sich dann frisch gestärkt auf die erste lange Etappe. In langen acht Stunden wandert man bis zum Friesenberghaus, das heute immer noch der Alpenvereinssektion Berlin gehört. Damit steigt man gleich richtig ein in den Berliner Höhenweg. Diese zweite Etappe ist eine der längsten Etappen des Höhenweges. Hat man diese bewältigt, ist man sicherlich gut gerüstet für die weiteren Abschnitte am Höhenweg.

Für den Anstieg zur Hütte empfiehlt sich vor allem der Hermann-Hecht-Weg. Er liegt lange im Schatten und verläuft im oberen Bereich des Anstieges durch das Naturwaldreservat Ebenschlag. Hier wurde seit über 20 Jahren nicht mehr durch den Menschen in den Wald eingegriffen. So fühlt es sich an wie eine Wanderung durch einen zauberhaften Märchenwald.

HÜTTENTOUREN

TOUR 2 GRINBERGSPITZEN
Die klassische Tour auf den Hausberg endet für die meisten Bergsteiger schon bei der Vorderen Grinbergspitze. Die Überschreitung zum zweiten Gipfel erfolgt auf unmarkierten Wegspuren mit teilweise leichter Kletterei in ca. 30 Minuten. Der Zustieg zur Hinteren Spitze gestaltet sich mit Klettereien im III. Grad und weiteren 30 Minuten etwas knackiger.

» 850 HM » 5,5 km » 4 h » mittel

TOUR 3 FRIESENBERGHAUS
Die zweite Etappe des Berliner Höhenweges ist die längste und am wenigsten begangene der gesamten Route. Der Weg verläuft fast durchgehend auf 2.000 Metern Höhe.

» 1.160 HM » 14 km » 8 h » schwer

Immer wieder laufen Wanderern Kühe über den Weg. Auch wenn sie einen schmusigen Eindruck erwecken, sollte man den Tieren dennoch mit dem notwendigen Respekt und entsprechender Vorsicht begegnen.

HÜTTENBUCH

HÜTTENBUCH

Hütten-Knigge: Auf der Hüttn gibt's koa Sünd ... von wegen. Regeln für den Bergbetrieb

Es gibt ein paar Regeln, die man unbedingt beachten sollte, wenn man auf eine Hütte geht. Dazu gehören eine Reservierung und auch eine rechtzeitige Absage, falls man sich gegen einen Besuch entscheidet. Nach der Ankunft erfolgt die Anmeldung beim Wirt und der Bezug des Schlaflagers mit seinem Hüttenschlafsack. Sehr gern konsumiert man Speis und Trank auf der Hütte. Die Wirte sollen ja auch ein Einkommen haben. Mit Wasser geht man sparsam um, es muss nicht immer die ausgiebige Dusche sein. Waschräume sind häufig getrennt zwischen Männern und Frauen. Natürlich achtet man auch auf angemessenes Verhalten. Auch wenn die Lager manchmal kuschelig eng sind, so ist die Hütte kein Platz für »sündiges Treiben«. Es sei denn, man ist allein in einer kleinen Selbstversorgerhütte …

Gegen einen Gute-Nacht-Kuss vor dem Schlafengehen hat niemand etwas einzuwenden.

ÖSTERREICH | TIROL

Das Alpenschloss

BERLINER HÜTTE Die Berliner Hütte steht unter Denkmalschutz, eine echte Besonderheit als Alpenvereinshütte, ist sie doch die einzige. Man öffnet die schwere Holztür und staunt nicht schlecht über den riesigen Kronleuchter. Und wirklich, man betritt keine Hütte, sondern ein Alpenschloss, wie die Berliner Hütte auch genannt wird. Prunkvoll geht es weiter in den Speisesaal. Im Alpenschloss könnte man beinahe vergessen, sich im Hochgebirge zu befinden.

Als wir zum ersten Mal auf der Berliner Hütte waren, mussten wir ernüchtert feststellen, dass es hier oben ganz schön voll war. Dafür hatten wir die schweren Rucksäcke also den langen Weg durch den Zemmgrund geschleppt? Wir lagen im Winterraum und hofften, dass endlich die Nacht vorübergeht. Auch die Skitour auf den Ochsner begeisterte uns wegen des dichten Nebels und der schlechten Schneequalität nicht wirklich. Es war vielleicht doch keine so gute Idee, Ostern auf der Berliner Hütte zu verbringen. Zudem blieb uns ihr charakteristisches Alpenschlossflair gänzlich verborgen, denn das Haupthaus ist im Winter verschlossen.

Ganz anders ein paar Jahre später. Entspannt wandern wir in Turnschuhen auf dem Forstweg durch den Zemmgrund. Die Rucksäcke sind wieder schwer, aber das stört uns heute nicht. Die Sonne scheint, und so gelangen wir gut gelaunt zur Berliner Hütte.

Während die hohen Decken den Speisesaal der Berliner Hütte pompös und prächtig erscheinen lassen, sorgt die rustikale Holzvertäfelung für ein gemütliches Flair.

ÖSTERREICH | TIROL | BERLINER HÜTTE

Als wir die Eingangshalle betreten, verschlägt es uns die Sprache. Ein mächtiger Kronleuchter hängt an der Decke und lässt uns erahnen, welche Bedeutung die Hütte für den Berliner Alpenverein beim Bau im Jahr 1879 hatte. Später betreten wir den Speisesaal, in dem wir unser Abendessen genießen, und können kaum glauben, dass wir uns im Hochgebirge befinden. Diese beiden Räume der Hütte sind außerordentlich prunkvoll eingerichtet. Schön, dass dies über die Jahrzehnte erhalten blieb. Inzwischen steht die Berliner Hütte als einzige Alpenvereinshütte unter Denkmalschutz. Beeindruckend ist auch, dass sie bereits 1910 mit Strom versorgt wurde. Dazu diente das erste Wasserkraftwerk auf einer Hütte.

Morgens ist es auf der Berliner Hütte zunächst sehr ruhig. So kann man den Speisesaal noch mal ganz in Ruhe genießen – und dazu das köstliche Essen, um das sich die Hüttenwirte Maike und Florian mit viel Herzblut kümmern. Sie wissen genau, was ein Wanderer braucht, um genügend Energie für den Tag zu tanken. Besonders wenn eine Tour zum Gipfel des Schwarzensteins geplant ist. Der dortige Gletscher hat sich in den letzten Jahren ebenso wie viele andere weit zurückgezogen. Das Hornkees beispielsweise ist allein im Jahr 2020 um 104 Meter zurückgegangen und hält somit den

KURZ ERFASST

TALORT Ginzling

LAGE 2.042 Meter ü.M.

OFFEN Mitte Juni bis Ende September

ÜBERNACHTEN 75 Betten, 102 Matratzenlager, Winterraum mit 14 Matratzenlagern

ESSEN Frühstücksbuffet und Halbpension mit guter, bodenständiger Tiroler Küche

GUT ZU WISSEN Sehr lange Schotterstraße durch den Zemmgrund. Hier können Turnschuhe angenehm sein. In der Hochsaison sollte rechtzeitig gebucht werden, um ein Zimmer zu ergattern.

BERLINER HÜTTE | TIROL | ÖSTERREICH

Die freundliche Rezeption nimmt Gäste nicht nur in Empfang, sondern steht ihnen auch bei Fragen zur Seite. (oben)

Um in so einem gemütlichen Einzelzimmer übernachten zu können, sollte man rechtzeitig buchen. (unten)

Beim Abstieg vom Schönbichler Horn zurück zur Berliner Hütte haben die beiden Wanderinnen einen tollen Blick auf das Schwarzensteinkees.

traurigen Rekord von Österreichs Gletschern. Dementsprechend sind in der Berliner Hütte nicht mehr viele Gäste, die solche Hochtouren von dort aus vornehmen. Doch die Wanderung über das Schwarzensteinkees bis zum Gipfelkreuz auf den mächtigen Dreitausender an der Grenze zu Südtirol ist umso schöner, wenn man sich den Weg – und die Aussicht am Ende – mit wenigen teilen muss.

Der Trubel beim Frühstück setzt auf der Berliner Hütte also erst später ein, wenn die »Höhenweg-Gänger« auftauchen. Der Berliner Höhenweg, auf dem man von Hütte zu Hütte wandert, ist das Zugpferd im Zillertal. Den Höhepunkt bildet natürlich die älteste Hütte am Höhenweg, die Berliner Hütte.

Wer aber gar nicht so hoch hinaus möchte, der kann auch im Hüttenumfeld verweilen und einfach die Sonne und den Ausblick genießen. Oder noch einen kurzen Abstecher zum romantischen Schwarzsee unternehmen. Danach heißt es Abschied nehmen vom Alpenschloss und die gesammelten Erinnerungen und Eindrücke ins Tal mitzunehmen.

HÜTTENTOUREN

TOUR 1 SCHÖNBICHLER HORN
Kurz vorm Gipfel wird es leicht ausgesetzt – man sollte also trittsicher und schwindelfrei sein. Klettersteigset kann von Nutzen sein.
» 1.340 HM   » 5 km   » 3,5 h   » leicht

TOUR 2 ZSIGMONDYSPITZE
Der Anstieg zum »Zillertaler Matterhorn« ist einer der beliebtesten, leichten Gratanstiege in den Zillertaler Alpen. Klettererfahrung ist für die Begehung allerdings Voraussetzung.
» 1.180 HM   » 5 km   » 3,5 h   » mittel

TOUR 3 GROSSER MÖRCHNER
Die anspruchsvolle Hochtour auf den Großen Mörchner führt über Gletscher und muss daher mit einer entsprechenden Ausrüstung und Erfahrung begangen werden.
» 1.240 HM   » 6 km   » 4 h   » schwer

ÖSTERREICH | TIROL

35

Die Perle

Über den Wolken ... ist die Freiheit auf der Greizer Hütte wohl grenzenlos. Die sagenhafte Aussicht auf Floitengrund, Felsköpfl und Triebbachkopf unterstreicht diese Aussage.

GREIZER HÜTTE Familienfreundlich und Ausgangspunkt für hochalpine Touren: Ihre Lage im schönen hinteren Zillertal, nahe des Flotienkees macht die Greizer Hütte zur Verbindung zweier Welten. Wer hier ankommt, ist entweder am Start oder schon am Ziel. In beiden Fällen aber angekommen an einem einzigartigen Ort voll uriger Gemütlichkeit, der zu Recht die Perle am Berliner Höhenweg ist.

Wir sitzen wieder an der Greizer Hütte und erholen uns langsam von dem Schock. Wir waren auf dem Großen Löffler, einem der grandiosen Zillertaler Dreitausender. Der Anstieg war anspruchsvoll. Der Gletscher ist ziemlich steil und hatte keine besonders gute Schneeauflage. Wir mussten an einigen Stellen sichern. Bis dahin ist alles gut gegangen. Wir haben den spannenden Anstieg genossen und den Gipfel erreicht. Auch der Abstieg über das steile Floitenkees ist uns ohne Probleme gelungen. Aber dann, am Ende des Gletschers beim Ausziehen der Steigeisen, setzte plötzlich Steinschlag ein. Zum Glück verfehlte er uns – trotzdem war der Schrecken groß, sodass wir uns an der Hütte erst sammeln mussten.

Glücklicherweise kann die Greizer Hütte mit ihrem gemütlichen Charme die Gemüter schnell beruhigen. Sie wird von Herbert und Irmi bestens bewirtschaftet. Die beiden bewahren selbst dann ihre Ruhe, wenn die Hütte sehr voll ist – und das kann öfter mal der Fall sein. Direkt am Berliner Höhenweg gelegen,

ÖSTERREICH | TIROL | GREIZER HÜTTE

Die Greizer Hütte ist einfach, aber gemütlich ausgestattet.

Auf dem Rückweg von der Mörchnerscharte zur Greizer Hütte wandert man auf dem Berliner Höhenweg und blickt währenddessen auf die Greizer und die Lappenspitze.

KURZ ERFASST

TALORT Ginzling

LAGE 2.227 Meter ü.M.

OFFEN Mitte Juni bis Anfang Oktober

ÜBERNACHTEN zwei Doppelzimmer, 20 Betten in Mehrbettzimmern, 58 Matratzenlager, Winterraum mit 14 Lagern

ESSEN typischen Tiroler Gericht, auf Wunsch wird einem eine heiße Trinkschokolade mit Milch von den hauseigenen Ziegen serviert

GUT ZU WISSEN Mit einem Taxidienst kann man den langen Anstieg zur Hütte verkürzen und auch ein Gepäcktransport per Materialseilbahn ist möglich.

endet die Runde nämlich für viele Wanderer genau hier, an der Greizer Hütte, mit dem Abstieg durch den Floitengrund. Mit ihrem gemütlichen Flair und der freundlichen Bewirtschaftung ist die Hütte der ideale Ort, um von der großartigen Mehrtagestour auf dem Berliner Höhenweg Abschied zu nehmen.

Schon seit 1893 steht die Greizer Hütte im Floitengrund. Die Geschichte der Sektion Greiz prägen so einige Höhen und Tiefen. Gegründet wurde die Sektion wurde 1880 im südthüringischen Greiz, zum Zeitpunkt des Hüttenbaus zählte sie gerade mal 116 Mitglieder, die es aber mit vereinten Kräften und viel Engagement schafften, sich um die Hütte zu kümmern. Nach dem Zweiten Weltkrieg wurde die Sektion zunächst von den Allierten aufgelöst, 1955 jedoch von heimatverbundenen Greizern in Westdeutschland, in Marktredwitz, neu gegründet. Und auch die Greizer Hütte kam bald wieder zurück in den Besitz der Sektion.

Bis heute gelangen viele Hüttengäste über den Berliner Höhenweg hierher. Alternativ führt ein Weg über den Floitengrund. Als Tou-

GREIZER HÜTTE | TIROL | ÖSTERREICH

renziele von der Hütte weg locken anspruchsvolle Routen wie die auf den Große Löffler oder den Schwarzenstein, der von dieser Seite deutlich herausfordernder ist als von der Berliner Hütte.

Wer einen einfacheren Gipfel besteigen möchte, dem sei der Gigalitz ans Herz gelegt. In zwei Stunden gelangt man auf einem markierten Felssteig auf diesen Dreitausender.

Egal von woher man kommt: Ein Aufenthalt auf der Greizer Hütte ist stets ein besonderes Erlebnis. Das Hüttenteam verwöhnt mit kulinarischen Köstlichkeiten der Saison, wie Blaubeerschmarrn, Gamsbraten oder Eierschwammerln. Neben der netten Bewirtschaftung machen Hängematten und Liegestühle auf der Sonnenterrasse Lust auf Einfach-mal-locker-Lassen. Erfreulich ist auch das Verantwortungsbewusstsein der schönen Natur gegenüber. Die Vermeidung von Abfall und die Energieversorgung durch Klein-Wasserkraftwerke sowie die Solaranlage gehören dazu. So erhielt die Greizer Hütte 2005 das Umweltgütesiegel der Alpenvereine.

Beim Übergang zur Kasseler Hütte müssen Wanderer eine Hängebrücke passieren.

HÜTTENTOUREN

TOUR 1 ZUSTIEG VON GINZLING
Von Ginzling aus führt ein einfacher Wanderweg über die Tristenbachalm, das Wirtshaus Steinbock und die Talstation der Materialseilbahn auf die Greizer Hütte.
» 1.230 HM » 10 km » 4,5 h » leicht

TOUR 2 KASSELER HÜTTE
Über die Lapenscharte und das Löfflerkar absolvieren Wanderer auf dem Berliner Höhenweg den teils seilversicherten Übergang.
» 750 HM » 9,5 km » 6 h » mittel

TOUR 3 GROSSER LÖFFLER
Die spaltenreiche Gletschertour über das Floitenkees ist eine anspruchsvolle hochalpinistische Tour. Ein Bergführer ist zu empfehlen.
» 1.200 HM » 7 km » 4 h » schwer

▬ ÖSTERREICH | TIROL | GREIZER HÜTTE

Im Murmelland

Im Floitengrund finden Alpenmurmeltiere, österreichisch auch Mankei genannt, ein wahres Paradies vor: Der alpine Rasen versorgt die Nager mit reichlich Nahrung, und der tiefgründige Boden der Gegend bietet genügend Platz für ihre Bauten. Bei Hitze oder Gefahr ziehen sie sich dorthin zurück. Auch den Winter verbringen sie in ihrem Bau – schlafend. Ihr Verdauungssystem wird dann auf ein Minimum reduziert, und auch die Atmung und der Herzschlag laufen im Energiesparmodus. Zwei Atemzüge pro Minute und nur rund 20 Herzschläge sind dann noch nötig. Erst wenn die Außentemperatur wieder hoch genug ist, erwachen die Murmeltiere aus ihrem tiefen Dornröschenschlaf, der zwischen sechs und sieben Monaten – teils sogar bis zu erstaunlichen neun Monaten – dauert. Dann besteht auch wieder die Möglichkeit, einem der Tiere über den Weg zu laufen – oder zumindest ihren Pfiffen zu lauschen.

Der charakteristische Pfiff der Murmeltiere ist eigentlich ein Warnruf. Sobald Feinde wie Fuchs oder Steinadler auftauchen, alarmieren sich die Tiere gegenseitig.

GREIZER HÜTTE | TIROL | ÖSTERREICH

ÖSTERREICH | TIROL

Die Bärenhütte

ANTON-KARG-HAUS Eingebettet zwischen Wildem und Zahmem Kaiser steht das Anton-Karg-Haus im hintersten Kaisertal unter der Kleinen Halt. Die Hütte ist benannt nach dem ehemaligen Sektionsvorsitzenden der OeAV-Sektion Kufstein. Sie ist auch unter ihrem alten Namen, Hinterbärenbad, bekannt. Angeblich sollen früher an heißen Sommertagen Braunbären im Kaiserbach an der Stelle gebadet haben, wo heute die Hütte steht.

Wie gemütlich, wie idyllisch: Diese Berghütte aus dunklem Holz mit ihren grünen Fensterläden entspricht dem Inbegriff eines familienfreundlichen Ausflugsziels. Schon der Weg hierher durch die reizvolle Landschaft des Kaisergebirges ist pure Entspannung. Das Schutzhaus selbst liegt eingerahmt von dicht bewachsenen Hängen und umgeben von Tannen seit 1883 an dieser Stelle im hinteren Kaisertal. Erbaut hatte sie einst die Sektion Kufstein des Deutschen Alpenvereins, die eine ehemalige Alphütte umbaute und unter dem Namen Hinterbärenbadhütte eröffnete. In den Folgejahren wurde sie laufend erweitert und zu einem beliebten Ausflugsziel der Kufsteiner. Einige Zimmer bekamen sogar einen eigenen Balkon. Benannt ist die Hütte nach Anton Karg, der ab 1888 als Hüttenwart fungierte. Zudem war er von 1890 bis 1919 erster Vorsitzender der Alpenvereinssektion Kufstein. Den ursprünglichen Namen hatte die Hütte von der Stelle am Kaiserbach, wo angeblich früher Bären badeten.

← Sowohl Bären – zumindest wenn man den Geschichten glaubt – als auch Eseln scheint es bei der Anton-Karg-Hütte zu gefallen. Ganz zu schweigen von den vielen Bergsteigern.

ÖSTERREICH | TIROL | ANTON-KARG-HAUS

Wahrscheinlich suchte Meister Petz hier aber einfach nur gern nach Nahrung, was ihn leider an den Rand seiner Existenz trieb: Aus Sorge um ihr Vieh jagten ihn die Bauern der Region unerbittlich. Aufklärungsarbeit zur wichtigen Rolle der Bären im sensiblen Ökosystem der Alpen zu leisten, ist nun zum Glück ein österreichisches Anliegen. Auf dem sogenannten Bärenweg, der am Anton-Karg-Haus startet, lernen Kinder und Erwachsene Wissenswertes über Bären, während sie am Fuß des Wilden Kaisers entlangwandern.

Doch nicht nur für Genusswanderer ist die Hütte ein idealer Ausgangspunkt. Von ihr aus erreichen sportlich Ambitionierte viele Klettertouren im Gebirge des Wilden Kaisers – eines der bekanntesten Kletterziele Österreichs. Ob man nun den klassischen Kaiserschützensteig

KURZ ERFASST

TALORT Kufstein

LAGE 829 Meter ü.M.

OFFEN Anfang Mai bis Ende Oktober, je nach Schneelage

ÜBERNACHTEN 35 Schlafplätze aufgeteilt auf Doppel- und Vierbettzimmer, 67 Schlafplätze in Mehrbettzimmern, kein klassisches Matratzenlager

ESSEN außergewöhnlich gute Küche von klassischen Brettljausen, über Kaspressknödel bis hin zu hausgemachten Kuchen

GUT ZU WISSEN Es gibt einen Spielplatz und ein Baumhaus für Kinder sowie ein abgegrenztes Becken im Kaiserbach.

ANTON-KARG-HAUS | TIROL | ÖSTERREICH

Die Kleine Halt ist neben dem Totenkirchl das Schaustück im Kaisertal. Vor einer Klettertour schadet ein Gang in die Kapelle also mit Sicherheit nicht.

Im Kaisertal werden Führungen mit dem Namen »Des Kaisers Kräuterschätze« angeboten.

auf die Ellmauer Halt, den anspruchsvollen Kufsteiner Klettersteig oder die Genussklettertour »Klettergeheimnis« an der Kleinen Halt wählt, bleibt jedem Kraxler selbst überlassen. Wer dann immer noch nicht genug hat, kann sich im hütteneigenen Boulderraum austoben.

Übernachten lässt es sich im Anton-Karg-Haus auf komfortablem Jugendherbergsniveau. Gäste können zwischen Zwei-, Vier- und Sechsbettzimmern wählen, mit oder ohne Stockbetten. Sollte es draußen ungemütlich sein, lockt die große, mit dunklem Holz vertäfelte Stube mit zünftiger Wirtshausatmosphäre. Gemütliche Abende mit Spiel, Spaß und gutem Essen zu verbringen ist hier praktisch Pflicht. Für Letzteres sorgt das Wirte-Ehepaar Dagmar und Alexander Egger und verwöhnt seine Gäste mit regionalen Spezialitäten. Die Speisekarte reicht von der Brettljause über Kaspressknödel bis hin zu hausgemachten Kuchen und Torten. Frisch gestärkt lässt sich so die Umgebung erkunden, die mit mehreren Möglichkeiten zum Gipfelanstieg für jeden Leistungsanspruch etwas zu bieten hat.

HÜTTENTOUREN

TOUR 1 STRIPSENJOCHHAUS
Unter den Wänden von Kleiner Halt und Totenkirchl hindurch verläuft der schöne Weg hinauf bis zur unvergleichlich gelegenen Hütte im Herzen des Kaisergebirges.
» 710 HM   » 4 km   » 2,5 h   » leicht

TOUR 2 SONNECK
Vom Anton-Karg-Haus geht es etwas steiler über den Weg 97 zum Karl-Güttler-Steig bis zum Gamskar und schließlich durch felsiges Gebiet weiter zum aussichtsreichen Gipfel.
» 1.340 HM   » 6 km   » 4 h   » mittel

TOUR 3 KAISERSCHÜTZENSTEIG
Langer, anstrengender, klettertechnisch anspruchsvoller und ausgesetzter Klettersteig über Kleine Halt, Gamshalt und Ellmauer Halt.
» 1.400 HM   » 6 km   » 5,5 h   » schwer

ÖSTERREICH | TIROL

Für den König

Die Stüdlhütte ist mit ihrem lang gestreckten, tonnenförmigen Neubau vom Architekten Albin Glaser an die am Großglockner herrschenden Windgeschwindigkeiten von über 200 km/h angepasst.

STÜDLHÜTTE Der Großglockner ist der höchste Berg Österreichs und aufgrund seiner Höhe und seiner markanten Form eines der begehrtesten Ziele in den Ostalpen. Die Stüdlhütte liegt auf der Südseite dieses mächtigen Berges und hat sich zu einem der bedeutendsten Stützpunkte für eine Glocknerbesteigung entwickelt. Besonders der beeindruckende Stüdlgrat wird von dieser Hütte aus gern begangen.

Spät kommen wir auf der Hütte an. Es ist Mai, und wir wollen mit Ski auf den König Österreichs. Oben sind wir überrascht von der Gastfreundschaft und dem großartigen Abendbuffet. Es ist relativ ruhig in der Hütte, wir haben uns bewusst für eine Tour unter der Woche entschieden. Das ist auch der Schlüssel, um die Stüdlhütte genießen zu können. An Wochenenden ist der Großglockner regelrecht überlaufen.

Bereits früh stand hier oben in der Fanatscharte die erste Hütte. Johann Stüdl, ein Kaufmann als Prag, initiierte und finanzierte 1867 den ersten Hüttenbau. Damit war eine Möglichkeit für die Besteigung des Großglockners von der Kalser Seite geschaffen. Sie war gleichzeitig die erste Hütte des Deutschen Alpenvereins. Die kleine Sektion Prag bestand nach dem Zweiten Weltkrieg in Westdeutschland weiter, ging dann in den 1990er-Jahren in der Sektion Oberland auf. Die alte Hütte war so baufällig, dass sie 1996 durch einen kompletten Neubau ersetzt wurde.

Gleich beim Ankommen fällt die besondere Gestalt des Gebäudes auf. Es hat die Form

ÖSTERREICH | TIROL | STÜDLHÜTTE

einer beschnittenen Elipse, und das Aludach ist auf der Windseite bis zum Boden gezogen. So stellt es sich den Böen trotzig entgegen. Das Gebäude ist mit seiner Hülle fast komplett energieautark. Das war schon zur damaligen Zeit eine richtige Besonderheit und eine neue Evolutionsstufe im Hüttenbau. Allerdings hat der Neubau die Sektion Oberland ziemlich viel Kraft gekostet, auch finanziell.

Heute, rund 25 Jahre später, steht hier immer noch eine komfortable und gemütliche Schutzhütte. Allerdings wird ihre Lage gerade durch den auftauenden Permafrost bedroht. Der Hang unterhalb der Hütte taut durch den verstärkten Klimawandel immer mehr auf, sodass in Zukunft Hangsicherungsmaßnahmen notwendig werden könnten, um diesen großartigen alpinen Standort zu erhalten.

KURZ ERFASST

TALORT Kals am Großglockner

LAGE 2.802 Meter ü.M.

OFFEN Anfang März bis Mitte Mai und Mitte Juni bis Mitte Oktober

ÜBERNACHTEN keine Doppel- oder Mehrbettzimmer, 122 Matratzenlager, Winterraum mit 16 Matratzenlagern

ESSEN leckere, regionale Küche, am Abend in Form von großzügigen Buffets

GUT ZU WISSEN Auch diese Hütte sowie der Großglockner sind im Sommer an Wochenenden sehr beliebt. Entspannter geht es unter der Woche zu. Hütte ist größtenteils energieautark. Kartenzahlung möglich.

STÜDLHÜTTE | TIROL | ÖSTERREICH

Auf der Kaiser-Franz-Josefs-Höhe erstreckt sich die Pasterze, die mit etwas mehr als acht Kilometern Länge Österreichs größter Gletscher ist.

Bergsteiger auf dem Weg zum größten und bekanntesten Gipfel Österreichs – dem Großglockner.

Die Hütte selbst wird von den jungen Wirten Matteo und Veronika bewirtschaftet, die vorher bereits in einer anderen großen Hütte in den Hohen Tauern Erfahrung sammeln konnten. Und das ist Arbeit! In einer Saison werden 15.000 Knödel gedreht, 5.500 Gulaschsuppen ausgeschenkt, und am Tag braucht man zwölf Kilo selbst gebackenes Brot.

Aber es wäre schade, die Stüdlhütte nur als Stützpunkt für den Großglockner zu beschreiben. Allein ein Tagesausflug zur eindrucksvollen Hütte, von der man direkt hinaufblickt zum König, ist eine sehr lohnende Unternehmung. Diese Hüttenwanderung ist wunderbar geeignet für eine Betrachtung des Hochgebirges aus nächster Nähe, ohne sich gleich zu großen Gefahren auszusetzen. Trotzdem kann man den Atem des Königs spüren und vielleicht einmal den Wunsch entwickeln, selbst hinaufzusteigen und die Stüdlhütte dann als Basislager zu benutzen.

HÜTTENTOUREN

TOUR 1&2 SCHERE & FANATKOGEL
Beide Gipfel sind für trittsichere Wanderer problemlos erreichbar: Die Schere ist in einer halben Stunde über einen steilen Hang zu erreichen, der Fanatkogel in 15 Minuten über einen Weg gleich hinter der Hüttenterrasse.
» 220/100 HM   » 30/15 min   » leicht

TOUR 3 GROSSGLOCKNER
Die alpine Skihochtour erfordert höchste Vorsicht, da am Gletscher Spaltengefahr und am gesamten Grat bis zum Gipfel Absturzgefahr herrschen. Zur notwendigen Ausrüstung gehört Skitourenequipment, Steigeisen, Pickel, Seil, Helm, Eisschrauben, HMS, Klettergurt.
» 1.000 HM   » 6,4 km   » 5 h   » schwer

▬ ÖSTERREICH | TIROL | STÜDLHÜTTE

Hoher Besuch

Friedrich August III., der letzte König von Sachsen, war ein begeisterter Alpinist.

Der Großglockner übte schon immer eine großartige Anziehung aus. In der Stüdlhütte findet man heute noch ein historisches Bild eines Mannes im Touristenanzug mit Bergstock. Auf dem Bild sieht man König Friedrich August von Sachsen, der am 2. August 1910 den Großglockner bestieg. Er war voll des Lobes über die Ausstattung und Verpflegung der Stüdlhütte. Deshalb schenkte er den Eigentümern besagtes Bild. Ein König besuchte also einen anderen König. Das wird in der heutigen Zeit eher selten vorkommen. Der Berg-König erhält aber heute sicherlich mehr Besuch als 1910.

Der Großglockner und die Erzherzog-Johann-Hütte, die auf den Felsen der Adlersruhe direkt am Gipfelaufbau steht, werden von der Morgensonne stimmungsvoll beleuchtet.

STÜDLHÜTTE | TIROL | ÖSTERREICH

ÖSTERREICH | KÄRNTEN

38

Die Älteste

SALMHÜTTE Die erste Salmhütte in der Nähe des Großglockners wurde bereits im Jahr 1799 erbaut. Man hatte den Wunsch, den höchsten Berg Österreichs zu besteigen, und dafür benötigte man als Erstes einen Stützpunkt, und das war eben die Salmhütte. Damit wurde sie gleichzeitig zur ersten Schutzhütte in den Ostalpen. Der Besucher kann die lange Geschichte um diese freundliche Hütte sofort spüren. Die Nähe zum Großglockner lässt die Herzen höherschlagen.

Die Salmhütte wird vom Nebel in ein mysteriöses Gewand gehüllt, während die einsame Schobergruppe im Hintergrund bereits im Sonnenlicht steht.

Endlich sind wir angekommen an der kleinen Salmhütte am Südfuß des steilen Schwertecks. Etwas enttäuscht, müde und erschöpft fühlen wir uns gerade. Enttäuscht, weil wir unser Ziel nicht geschafft haben, am Gipfel des Großglockners zu stehen. Zu viel Betrieb war da oben am schmalen Grat des Kleinglockners. Seilschaften, die völlig chaotisch unterwegs waren, und somit auch eine Gefahr für andere darstellten. Zudem staute es sich direkt in der Scharte vor dem Hauptgipfel. So haben wir uns schweren Herzens entschlossen abzubrechen und auf die letzten Meter zu verzichten.

Müde und erschöpft, weil es ein langer Tag war. Früh starteten wir an der Stüdlhütte und stiegen über das Ködnitzkees zur Adlersruhe und weiter in Richtung Glockner. Wir wollten aber nicht ein schnelles Abhaken des Berges, sondern unser Bergerlebnis intensivieren. Also wählten wir den Abstieg über die Salmhütte, wo wir eine weitere Nacht einplanten.

 ÖSTERREICH | KÄRNTEN | SALMHÜTTE

KURZ ERFASST

TALORT Kals am Großglockner, Kaiser-Franz-Josefs-Höhe und Heiligenblut

LAGE 2.644 Meter ü.M.

OFFEN Mitte Juni bis Ende September

ÜBERNACHTEN 28 Betten in Mehrbettzimmern, 22 Matratzenlager, Winterraum mit 6 Matratzenlagern, keine Doppelzimmer

ESSEN Regionale österreichische Küche.

GUT ZU WISSEN Die ruhige Seite des Großglockners. Der Wiener Höhenweg ist eine interessante Etappentour an der Hütte. Nur Barzahlung.

Das Alter von Steinböcken lässt sich anhand der ringförmigen Vertiefungen der Hörner bestimmen.

Und es hat sich gelohnt. Hier fühlt es sich anders an als oben am Gipfel. Die hektische Betriebsamkeit ist gewichen. Hier können wir die Natur in Ruhe genießen. Schnell verwandelt sich die Enttäuschung in pure Freude über das Geschenk, hier an diesem Ort sein zu dürfen, weil wir uns gegen die übliche Vorgehensweise der Glocknerbesteigung in zwei Tagen entschieden haben. Der dritte zusätzliche Tag wirkt gerade sehr bereichernd, auch als Entschleunigung zum ebenfalls oft sehr hektischen Alltag. So in den noch warmen Strahlen der Nachmittagssonne auf der Terrasse sitzend, können wir hinaufblicken zum König der Ostalpen, dem einstigen Ziel.

Kaum zu glauben, dass hier oben der erste Stützpunkt für eine Glocknerbesteigung stand. Heute ist die Salmhütte als Glocknerstützpunkt etwas in Vergessenheit geraten. Zu direkt ist der Anstieg über die Stüdlhütte vom Lucknerhaus. Selbst der Wiener Höhenweg, der durch die Schobergruppe zur Salmhütte führt, sorgt nicht für große Betriebsamkeit. Zu unbekannt ist die Schobergruppe. Aber vielleicht lohnt sich auch hier einmal ein Erkunden. Sind doch gerade die ruhigen Momente in den Bergen die kostbarsten.

SALMHÜTTE | KÄRNTEN | ÖSTERREICH

↑ Bereits seit dem Tag der Großglockner-Erstbesteigung – dem 28. Juli 1800 – befindet sich am Gipfel ein Kreuz.

Die heutige Salmhütte hat nichts mehr gemeinsam mit der ersten Hütte. Diese war schnell zerstört. Der Grundstock für die heutige Hütte stammt aus den Jahren 1926/27. Es war bereits die dritte Salmhütte. Erst 2017 erhielt die Hütte eine Erweiterung durch einen Zubau, der vor allem für die Küche eine deutliche Verbesserung brachte.

Durch die Erweiterung der Küche konnte das Speiseangebot immens vergrößert werden. Hüttenwirtin Helga verwöhnt jetzt mit österreichischen Spezialitäten und großen Portionen. Abends kuschelt man sich dann in gemütliche Lager, bevor am nächsten Morgen nach einem leckeren Frühstück der weitere Weg angetreten wird.

Beim Abstieg spüren wir noch einmal dem Erlebten nach. Wir merken, wie sich unser Empfinden durch den Kontrast von Hektik und Ruhe verändert hat. Wir möchten wiederkommen in diese grandiose Region. Nicht nur, um sich dem Großglockner nochmals zu nähern. Denn die großen Namen locken sehr, jetzt aber erfüllen uns Ruhe und Erholung.

HÜTTENTOUREN

TOUR 1 ERZHERZOG-JOHANN-HÜTTE
Der hochalpine Hüttenzustieg folgt dem Weg der Großglockner-Erstbesteiger über die versicherte Hohenwartscharte.
» 950 HM   » 4 km   » 3,5 h   » mittel

TOUR 2 WIENER HÖHENWEG
In sechs Etappen führt die mehrtägige, hochalpine Wanderung durch die Schobergruppe und passiert dabei sieben Hütten.
» 3.500 HM   » 40 km   » 23 h   » schwer

TOUR 3 GLOCKNERRUNDE
Im Herzen des Nationalparks Hohe Tauern führt die Glocknerrunde in sieben Tagen von Hütte zu Hütte. Man sollte mit drei bis acht Wanderstunden täglich rechnen.
» 7.100 HM   » 95 km   » 44 h   » schwer

ÖSTERREICH | KÄRNTEN | SALMHÜTTE

Die Großglockner-Erstbesteigung

Noch war niemand oben gewesen, am höchsten Österreicher. Das konnte nicht so bleiben! Also nahm der Kärntner Erzbischof Franz Xaver Graf von Salm-Reifferscheidt die Sache in die Hand. Zunächst musste ein Stützpunkt für die Besteigung errichtet werden, und so baute man auf 2.664 Metern Höhe die Salmhütte. Die erste Expedition missglückte; sie musste wegen heftigen Schneefalls abgebrochen werden. Aber am 28. Juli 1800 war es dann endlich so weit: 62 Expeditionsteilnehmer nahmen den Gipfel in Angriff. Der deutlich kleinere Gipfeltrupp kam bis zum Kleinglockner, von dem aus zunächst nur die vier Bauern und Zimmerleute, die Führer der Gruppe, zum Gipfel hinaufstiegen. Sie versicherten den Anstieg und kehrten zurück, um den Pfarrer zum Gipfel zu geleiten. Dieser weigerte sich aus Angst, jedoch die vier Führer gaben nicht auf und überredeten ihn schließlich mitzukommen. Denn die Expedition würde nur als gelungen gelten, wenn ein »Herr« auf dem Gipfel steht. Und damit nicht genug: Die vier Führer brachten das erste Gipfelkreuz mit hinauf und setzten dem König somit seine Krone auf.

Seit der Großglocknererstbegehung durch Franz Xaver Graf von Salm-Reifferscheidt (links) ist der Gipfel ein beliebtes Ziel – und das, obwohl seine Besteigung keine gemütliche Anfängertour ist.

SALMHÜTTE | KÄRNTEN | ÖSTERREICH

🇮🇹 ITALIEN

Dolomiten und Rosengarten, Sarntaler Alpen und Pfunderer Berge – Italien bietet viele besondere Regionen zum Wandern und Klettern. Mal sind die Felden schroff, mal findet man grüne Wiesengipfel – und überall eine Hütte, die mit Gastfreundschaft und Charme Besucher anlockt.

Und auch wenn natürlich jede Hütte so individuell ist wie die Landschaft und mal urig rustikal, mal schick und modern daherkommt, viele haben ein paar Gemeinsamkeiten. Zum einen ist das die Geschichte, die durch Enteignung, Gebirgskriege und Verfall nicht immer rühmlich ist. Zum anderen ist es die hervorragende Küche, die zum Beispiel mit Südtiroler Spezialitäten aufwarten kann. Und letztlich sind es die Gastgeber, die sich auf ihr Fach verstehen und mit Herzlichkeit und Offenheit ganz und gar für ihre Gäste da sind und den Aufenthalt unvergesslich machen – genauso wie die erhabene Landschaft der Italienischen Alpen.

Die Drei Zinnen sind das Wahrzeichen der Dolomiten und des Hochpustertals.

🇮🇹 ITALIEN | TRIENT

Die Heilige

Die Lobbia Alta Hütte in der Adamellogruppe ist ein guter Stützpunkt für Hochtouren und Skihochtouren – das hat auch Papst Johannes Paul II. erkannt.

RIFUGIO LOBBIA ALTA Es ist schon ein großartiger Hüttenstandort mitten im weiten Adamellogebiet. Das Rifugio Lobbia Alta – auch als Rifugio Ai Caduti dell'Adamello bekannt – steht in der Südflanke des Lobbia Alta Gipfels auf über 3.000 Metern. Im Jahr 1984 besuchte Papst Johannes Paul II. die Hütte im Rahmen einer Skitour. 1988 war er nochmals auf der Hütte und feierte am Passo Lobbia Alta eine Messe.

Noch vor nicht allzu langer Zeit, waren Wandersleute froh um den guten Holzofen, der die Stube der Lobbia Alta Hütte warm hielt. Denn die Fenster waren etwas undicht, und gerade bei windigem Wetter zog es gewaltig. Nachts brauchte man einen dicken Schlafsack, und das Wasser zum Händewaschen gefror manchmal sogar in seiner Tonne. Heute ist es nicht mehr so kalt in der Hütte. Der Gletscherschwund machte der Lobbia Alta Probleme, sodass sie 2003 einzustürzen drohte. Es folge eine aufwendige Sanierung über mehrere Millionen Euro, bis die Hütte 2005 wieder eröffnet werden konnte. Und dank dieser Umbauten ist sie deutlich komfortabler und gemütlicher geworden. Die Sanierung brachte der Hütte außerdem eine autarke Stromversorgung. Mit Hilfe von Solarzellen und Vektor-Wasserstoff wird Strom gewonnen und gespeichert. Die ganze Anlage wird per Fernwartung von der Universität gesteuert.

Der Adamello ist das weiteste Gletschergebiet in den Ostalpen. Wer sich einmal vom

ITALIEN | TRIENT | RIFUGIO LOBBIA ALTA

Rifugio Lobbia Alta auf den Weg zum Monte Adamello gemacht hat, weiß, wovon die Rede ist. Fast schon flach geht es über den mächtigen Adamellogletscher bis zum letzten Gipfelanstieg. Bei Sonnenschein ist das eine grandiose Szenerie, die fast schon an arktische Verhältnisse erinnert. Bei Nebel wird es hier oben allerdings schnell ungemütlich und gefährlich, denn eine Orientierung ist kaum mehr möglich. Die Glocke am Gipfelkreuz soll als Notsignal bei Nebeleinfall Unterstützung bieten.

Im Sommer spürt man auch im Adamellogebiet immer mehr den Gletscherrückgang. Das bringt viele unschöne Zeugen der Zeitgeschichte ans Licht. Munitionsreste und Stacheldraht findet man viel in der Region um die Hütte. Hier tobte im Ersten Weltkrieg der Gebirgskrieg, bei dem mehr Menschen durch Lawinen und Erfrieren ums Leben kamen als durch die Kampfhandlungen. Beim Wandern durch diese Überreste wird man von Ehrfurcht vor dem unglaublichen Leiden in dieser Zeit erfasst. Der Bau der Rifugio Lobbia Alta geht ebenfalls auf den Ersten Weltkrieg zurück. Auf den Resten

KURZ ERFASST

TALORT Val di Genova

LAGE 3.020 Meter ü.M.

OFFEN Mitte März bis Anfang Mai, Mitte Juni bis Mitte September

ÜBERNACHTEN 100 Matratzenlager, Winterraum mit 8 Betten.

ESSEN gute italienische Küche

GUT ZU WISSEN Die Hütte ist nur über den Gletscher zu erreichen.

RIFUGIO LOBBIA ALTA | TRIENT | ITALIEN

Der Granitaltar mit der großen Friedensglocke am Passo della Lobbia Alta diente Papst Joannes Paul II. 1988 für eine Messe, als er zum zweiten Mal in seinem Leben auf der Hütte Halt machte. (oben)
Wie ein Spiegel zeichnet der mit Wollgras umrankte Bergsee die traumhafte Kulisse am Lobbia Alta auf seine Oberfläche. (unten)

Über einen Gletscherschliff steigt man zur Hütte Rifugio Lobbia Alta auf.

ehemaliger italienischer Baracken wurde 1920 die erste Hütte am Südfuß des Lobbia Alta am Rand des Gletschers erbaut.

Unweit der Hütte, auf der Spitze des Cresta della Croce, befindet sich ein großes Gipfelkreuz aus Granit. Dieses ist dem ehemaligen Papst Johannes Paul II. gewidmet. Sein Besuch hat bei den frommen Italienern bleibenden Eindruck hinterlassen. Wir verstehen nur zu gut, dass er von dieser einsamen und gleichsam wilden Bergwelt so begeistert war. Auch wir sind hingerissen von der Weite der Gletscher, der eindrucksvollen Hüttenlage und der Gipfelrundsicht. Und natürlich auch von der heute heimeligen Hütte, die mit viel Liebe und Einsatz von Romano und Martina, Vater und Tochter, geführt wird. Das Essen, das in der holzvertäfelten Stube serviert wird, schmeckt ausgezeichnet, und die freundliche Art der Gastgeber macht den Aufenthalt zusätzlich angenehm. Nicht verpassen sollte man übrigens den nächtlichen Himmel, vorausgesetzt er ist klar, denn dann überzieht ein Meer aus unzähligen Sternen den Himmel – für diesen atemberaubenden Anblick verlässt man gern das warme Bett mitten in der Nacht!

HÜTTENTOUREN

TOUR 1 LOBBIA ALTA
Der schöne Dreitausender ist von der Hütte aus mit kurzweiliger Kraxelei ohne Ausgesetztheit schnell erreicht. Am Gipfel genießt man das grandiose Panorama über die Gletscherwelt von Adamello und Presanella.
» 80 HM   » 480 km   » 0,5 h   » mittel

TOUR 2 RIFUGIO MANDRONE
Der Übergang führt über Gletscher, Granitplatten, sandigen Boden und vorbei am Lago Nuovo und Lago Mandrone.
» 600 HM   » 6 km   » 2,5 h   » schwer

TOUR 3 CRESTA DELLA CROCE
Beginnend bei der Malga Bedole, wandert man zunächst zur Rifugio, ehe man in leichter Kletterei zum Grat und auf diesem zum Granitkreuz bei der Cresta della Croce gelangt und schließlich wieder zur Hütte zurückkehrt.
» 1.800 HM   » 8,7 km   » 5,5 h   » schwer

ITALIEN | TRIENT | RIFUGIO LOBBIA ALTA

Sommerskigebiet Lobbia Alta

In einem Sommerskigebiet ist es möglich, auch in den Sommermonaten – insbesondere im Juni, Juli und August – Ski zu fahren. Aufgrund des weltweiten Gletscherrückgangs seit den 1990er-Jahren gibt es davon heute nur noch sehr wenige.

Die Lobbia Alta war eines der ersten Sommerskigebiete in ganz Italien. 1933 wurde die Rifugio Lobbia Alta nach dem Bau erstmals erweitert, um den Skischulen genügend Platz zu bieten. Mit ihrer Lage mitten in der Adamellogruppe war die Hütte als Stützpunkt für den Skilauf ideal – damals befand sich der Mandrone-Gletscher noch direkt vor der Haustür. Heute ist das kaum vorstellbar, steht die Rifugia doch deutlich über dem Gletscher.

Zwar ist die Lobbia Alta deshalb heute kein Sommerskigebiet mehr, im Spätwinter gilt die Lobbia Alta Hütte aber immer noch als idealer Ausgangs- oder Endpunkt für Skitouren.

Leidenschaftliche Skifahrer beneiden die Menschen von damals um ihre Skigebiete, die man auch im Sommer befahren konnte.

RIFUGIO LOBBIA ALTA | TRIENT | ITALIEN

237

■■ ITALIEN | SÜDTIROL

Die Dreitausender

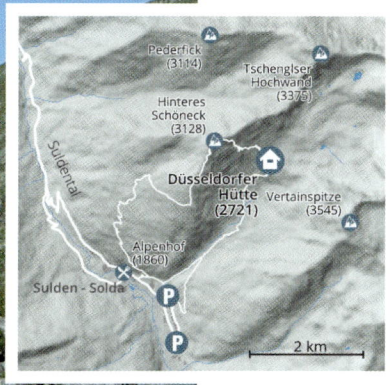

DÜSSELDORFER HÜTTE Das Bergdorf Sulden ist umgeben von vielen schönen Dreitausendern. Auf der Nordseite des Ortes hoch über dem Zaytal liegt die Düsseldorfer Hütte. Sie bietet nicht nur einen grandiosen Ausblick auf Königspitze, Ortler und Zebru, sie ist auch ein toller Stützpunkt für mehrere Dreitausender unterschiedlicher Schwierigkeit.

Wir stehen oberhalb der Düsseldorfer Hütte und halten kurz inne. Es verschlägt uns den Atem bei diesem Anblick. Hinter der Hütte auf der anderen Talseite erheben sich Königspitze, Ortler und Zebru mit ihren inzwischen stark ausgeaperten Nordwänden. Es ist schon ein toller Logenplatz, den sich die Düsseldorfer 1892 für den Bau ihrer Hütte ausgesucht hatten. Die Hütte selbst wird in der fünften Generation von der Familie Reinstadler geführt.

Viele Wege führen nach Rom, so heißt es. Genauso könnte man sagen: Viele Wege führen zur Düsseldorfer Hütte! Sie ist umgeben von mehreren Dreitausendern unterschiedlicher Schwierigkeiten. Vorrangig locken vor allem der Hohe Angelus und die Vertainspitze. Am schnellsten erreicht man die Düsseldorfer Hütte vom Kanzellift, der von Sulden heraufführt. Ein schöner Steig bringt die Wandersleute ins Zaytal und weiter hinauf zur Hütte. Ist man früh dran, kann man dabei auch noch das hintere Schöneck besteigen. Der Gipfel ist verhältnismäßig einfach zu erreichen. Nur auf den letzten Metern helfen Drahtseile über ein paar aus-

Hinter der Düsseldorfer Hütte befindet sich ein kleiner Bergsee, der vor allem die kleinen Hüttengäste begeistert.

ITALIEN | SÜDTIROL | DÜSSELDORFER HÜTTE

gesetzte Felsen hinweg. Der Gipfel bietet einen tollen Überblick über das Wandergebiet der Düsseldorfer Hütte. Es besteht auch die Möglichkeit, die Tour erst am letzten Tag zu unternehmen und vom Gipfel nach Norden direkt in Richtung Sulden abzusteigen.

Und inmitten dieser herrlichen Landschaft, in der wohl jeder einen eigenen Lieblingsweg entdecken wird, liegt also die Düsseldorfer Hütte. Auch für Familien mit Kindern ist sie ein attraktives Ziel. Nicht zuletzt aufgrund des kleinen Sees hinter der Hütte. Hier lässt es sich hervorragend spielen und toben, und nach einer anstrengenden Wanderung kann man die Füße im klaren Wasser abkühlen.

Wem dann der Magen knurrt, darf sich auf eine köstliche Mahlzeit aus der Hüttenküche freuen. Resi und ihr Sohn Martin verwöhnen ihre Gäste gern mit Spezialitäten der Südtiroler Küche. Neben Knödeln und Nudeln findet sich auch der legendäre Apfelstrudel von Resi auf der Speisekarte. Auf keinen Fall verpassen!

KURZ ERFASST

TALORT Sulden

LAGE 2.721 Meter ü.M.

OFFEN Mitte Juni bis Oktober

ÜBERNACHTEN ein Doppelzimmer, 36 Betten in Mehrbettzimmer, 15 Matratzenlager, Winterraum mit 6 Plätzen

ESSEN gute Südtiroler Küche mit durchgehend warmen Mahlzeiten

GUT ZU WISSEN Für den Abstieg von der Hütte muss man nicht zum Kanzellift zurück. Man kann direkt ins Tal absteigen.

DÜSSELDORFER HÜTTE | SÜDTIROL | ITALIEN

Die rosa blütende Spinnweb-Hauswurz wächst häufig auf Felsen, Felsschutt, Weiden oder Wiesen. (oben)

Der sehr lohnende, doch schwierige Tschenglser Hochwand Klettersteig führt über schöne, luftige Felspassagen zum Gipfel. (unten)

Die Düsseldorfer Hütte als Panoramafenster der Ortler-Alpen.

Satt und zufrieden legt man sich dann abends zur Ruhe – und kann diese auch tatsächlich gut genießen. Denn im Gegensatz zu einigen anderen Hütten, in denen man sich mit einer Vielzahl anderer Menschen das Schlaflager teilt, sind die Räumlichkeiten der Düsseldorfer Hütte eher klein. Vierbett-, Fünfbett- und Sechsbettzimmer gibt es hier, und auch die Lager sind mit maximal acht Personen gemütlich klein. Wenn man dann das Lager trotzdem mit sieben des Nachts zu Holzfällern Werdenden teilt, hat man eben Pech gehabt.

Auf jeder Etage gibt es ein WC und Waschräume. Warmes Wasser ist hier vorhanden, allerdings sucht man eine Dusche vergeblich – viele Wanderer werden sich daran nicht weiter stören, denn sie sind es von anderen Hütten gewohnt, und schließlich muss man auch immer die exponierte Lage der Bauten mitbedenken, die eine Wasserversorgung oft nicht leicht macht. Und wer sich unbedingt erfrischen will, kann ja einfach ein Bad im Bergsee hinter der Hütte nehmen. ✿

HÜTTENTOUREN

TOUR 1 HINTERES SCHÖNECK
Obwohl es sich bei der Tour mit Ausblick auf den Ortler um eine relativ leichte handelt, sollte man schwindelfrei und trittsicher sein.
» 360 HM   » 2 km   » 1,5 h   » mittel

TOUR 2 TSCHENGLSER HOCHWAND KLETTERSTEIG
Der Weg zum Panorama-Gipfel durch die Südabstürze der Tschenglser Hochwand gestaltet sich als ziemlich anspruchsvoll.
» 650 HM   » 3 km   » 3 h   » schwer

TOUR 3 HOHER ANGELUS
Die eisfreie Hochtour führt meist senkrecht und stellenweise ausgesetzt über einen Klettersteig zum zweithöchsten Laaser Berge.
» 750 HM   » 3,3 km   » 3 h   » schwer

🇮🇹 ITALIEN | SÜDTIROL | DÜSSELDORFER HÜTTE

Julius Payer

Gegenüber am Ortler steht die Payerhütte in extrem exponierter Lage am Tabarettakamm auf 3.029 Metern. Sie ist nach Julius Payer benannt, der nicht nur ein österreichisch-ungarischer Offizier war, sondern sich auch als Polar- und Alpenforscher, Kartograf und Professor der Militärakademie sowie als Maler einen Namen machte. Einer seiner vielen Errungenschaften sind die mehr als 60 Erstbesteigungen in der Ortlergruppe. Unter anderem bestieg er mit seinem Führer Johann Pinggera den Hohen Angelus und die Vertainspitze. Er hatte somit einen entscheidenden Anteil daran, dass uns die Gipfel um die Düsseldorfer Hütte heute zugänglich sind.

Julius Payer war auch am Ortler, dem König der Südtiroler Berge, aktiv, allerdings nicht als Erstbesteiger: Er erfasste als Erster das Ortlergebiet kartografisch. Die Payerhütte ist heute beliebter Stützpunkt für die Ortlerbesteigung über die am meisten begangene Normalroute.

→ Im Ölgemälde »Nie zurück« stellt Julius Payer sich und seine Mannschaft während der Österreichisch-Ungarischen Nordpolexpedition von 1892 dar.

DÜSSELDORFER HÜTTE | SÜDTIROL | ITALIEN 🇮🇹

HÜTTENBUCH

HÜTTENBUCH

Die höchste Hütte der Alpen: die Capanna Regina Margherita auf 4.554 Meter Höhe

Es gibt in den Alpen einige Gipfelhütten, aber keine hat so eine großartige Lage wie die Capanna Regina Margherita auf dem Gipfel der Signalkuppe in den Walliser Alpen. 1890 begann man mit dem Bau der Hütte, die 1893 eingeweiht und der italienischen Königin Margarethe von Italien gewidmet wurde. Sie nächtigte am 18. August 1893 in der Hütte. Feierlich eröffnet wurde das Schutzhaus etwas später im September. Die heutige Hütte wurde 1980 erbaut und ist mit einem Kupfermantel versehen, der sie vor Blitzschlag schützt.

Der Anstieg erfolgt vor allem von Süden aus Italien in vier Stunden von der Capanna Gnifetti. Aufgrund der Höhenlage ist die Übernachtung in der Hütte nicht zu unterschätzen. In der Hütte selbst befindet sich eine wissenschaftliche Einrichtung für höhenmedizinische Forschung.

Klar ist, dass mit einer solchen Lage auch oft ein raues Wetter einhergeht – besonders der Sturm ist eine Herausforderung, gegen die die Hütte auch mit Seilen abgesichert ist.

🇮🇹 ITALIEN | SÜDTIROL

Das Schmankerl

Die Zufallhütte heißt Bergsteiger in der atemberaubenden Bergwelt der Ortlergruppe willkommen.

ZUFALLHÜTTE (RIFUGIO NINO CORSI)

Die Zufallhütte im Südtiroler Martelltal ist bekannt für ihre gute Küche, egal ob man tagsüber für ein Mittagessen kommt oder auf der Hütte übernachtet und das mehrgängige Menü genießt. Das Essen auf der Hütte ist einfach großartig. Hüttenwirt Ulli serviert seine schmackhafte Südtiroler Küche mit italienischen Einschlägen.

Bereits der Aufstieg ist ein Highlight. Besonders wenn man sich für den Plima Schluchtenweg entscheidet. Er wurde vor nicht allzu langer Zeit erst erbaut und hat sich zurecht direkt zu einem beliebten Ausflugsziel im hinteren Martelltal entwickelt. Einige Aussichtsplattformen bieten beeindruckende Tiefblicke in die Schlucht des Plimabaches. Teilweise schwebt man senkrecht über dem tosenden Wasser. Absoluter Höhepunkt ist aber die spektakuläre Hängebrücke über die Schlucht.

Aber auch der schönste Weg hat irgendwann ein Ende, und man freut sich, die müden Füße hochlegen zu können und den Körper wieder zu stärken. Und das sollte man am besten in der Zufallhütte. Herzlich begrüßt wird man von Hüttenwirt Ulli Müller. An den hölzernen Wänden im Inneren der Hütte hängen alte Skistöcke aus Holz und gerahmte Schwarz-Weiß-Fotos, die von vergangenen Zeiten erzählen. Die ursprüngliche Gemütlichkeit ist zum Glück nicht Vergangenheit, und so verspürt man in der Zufallhütte einen ganz besonderen Charme, den die Wandersleute zu schätzen wissen.

ITALIEN | SÜDTIROL | ZUFALLHÜTTE

KURZ ERFASST

TALORT Martell

LAGE 2.265 Meter ü.M.

OFFEN Mitte Februar bis Anfang Mai und Mitte Juni bis Mitte Oktober

ÜBERNACHTEN 60 Betten in Zwei- und Mehrbettzimmern, 20 Matratzenlager

ESSEN hervorragende Südtiroler Küche mit italienischem Einschlag, umfangreiche Speisekarte, freundlicher und schneller Service

GUT ZU WISSEN Hinter der Hütte gibt es einen netten Übungsklettersteig.

In umitttelbarer Nähe zur Zufallhütte findet man nicht nur wunderschöne Bergwiesen (links), sondern auch die kleine, 1915 errichtete Herz-Jesu Kapelle. (rechts)

Besonders beliebt ist die Hütte aufgrund des guten Essens. Egal was hier auf den Tisch kommt, es schmeckt einfach köstlich! Und am liebsten genießt man den Kaiserschmarrn (oder Gulasch und Knödel oder Wurstsalat oder Spaghetti oder ...) auf der Terrasse, denn von hier hat man einen herrlichen Bergblick. Wenn es das Wetter zulässt, trinkt man auch gemeinsam ein Bier, bis der letzte Sonnenstrahl hinter den Gipfeln verschwunden ist, und genießt mit neuen und alten Freunden die Stimmung.

Dann aber heißt es ab ins Bett! Ab 22 Uhr gilt auf der Zufallhütte nämlich Nachtruhe – da viele am nächsten Tag wieder fit sein wollen für den weiteren Weg, ist das jedoch nicht weiter tragisch. Um 6 Uhr am nächsten Morgen zieht dann auch schon der Duft von frisch gekochtem Kaffee durch die urige Hütte und weckt die ersten Gäste.

Zu erwandern gibt es im Umfeld der Hütte eine Menge. Egal ob Veneziaspitzen, Köllkuppe, Butzenspitze oder Madritschspitze, alle Touren sind empfehlenswert und jede auf ihre eigene Art besonders. Vor allem im Winter locken diese

ZUFALLHÜTTE | SÜDTIROL | ITALIEN

↑
Kulinarik wird auf der Zufallhütte groß geschrieben. Besonders der Kaiserschmarn ist nicht zu verachten.

Ziele, wenn der tiefe Schnee in der Sonne glitzert und alle Geräusche schluckt. Erfahrene Skibergsteiger werden sich auch am Monte Cevedale oder der Zufallspitze versuchen.

Wer nach einer solchen Tour durch Eis und Schnee in die Zufallhütte zurückkehrt, wird sich neben dem köstlichen Abendessen (heute vielleicht die Gerstsuppe kosten oder doch lieber die Speckplatte mit köstlich Geräuchertem?) besonders über die Sauna freuen, die sich in einer Blockhütte neben der Hütte befindet und auch kalte Zehen schnell warm werden lässt. Statt der Dusche danach kann man sich auch gleich in den Pulverschnee fallen lassen und so den Kreislauf ordentlich ankurbeln.

Nicht nur im Winter ist die Hütte beliebt, auch im Sommer genießt man einen großartigen Aufenthalt. Die Madritschspitze hat inzwischen einen markierten Steig, der lange nicht in den Karten auftauchte. Es gibt wohl keinen Gipfel, von dem man einen schöneren Blick auf das Dreigestirn Ortler, Königspitze und Zebru bekommt.

HÜTTENTOUREN

TOUR 1 PLIMA SCHLUCHTENWEG
Vom Talschluss des Martelltales führt der abenteuerliche Schluchtenweg bis zur Zufallhütte und zurück. Für Alt und Jung.
» 300 HM » 6 km » 2 h » leicht

TOUR 2 MURMELE KLETTERSTEIG
In der Nähe der Zufallhütte klettert man auf einem modern eingerichteten Klettersteig durch die Felswände. Geeignet für Kinder.
» 70 HM » 130 m » 0,5 h » mittel

TOUR 3 MONTE CEVEDALE
Die Skihochtour gilt als Klassiker in der Ortler Gruppe. Zunächst steigt man flach über den Zufallferner auf, bevor es kurz vor dem Gipfel schwieriger wird und Steigeisen erfordert.
» 1.700 HM » 18 km » 9 h » schwer

🇮🇹 ITALIEN | SÜDTIROL | ZUFALLHÜTTE

Luxushotel im Martelltal

Wandert man über den Plima Schluchtenweg zur Zufallhütte, kommt man hinter dem Stausee am Ende des schönen Martelltales an einem auffällig roten Gebäude vorbei. Das ist die faszinierende Ruine des ehemaligen Hotel Paradiso, oder des Hotel Albergo Sportivo Valmartello al Paradiso del Cevedale, wie es einst genannt wurde. Es wurde 1933 – 1935 erbaut und war zur damaligen Zeit ein Luxushotel mit 250 Betten und vielen Annehmlichkeiten. So befanden sich beispielsweise ein Post- und Telegrafenamt im Haus, ein Metzger, Konditor, Friseur, Masseur, Skilehrer, Lesesaal und sogar eine Sauna. Mit Ausbruch des Zweiten Weltkrieges wurde es von der Wehrmacht beschlagnahmt und diente deutschen Soldaten zur Erholung. Nach dem Krieg verfiel das Hotel immer mehr. Heute ist nicht mehr viel vom einstigen Glanz übrig, dafür besitzt die Ruine aber – eingeschlossen von Kiefern und Lärchen und umgeben von Dreitausendern – etwas Mystisches.

Obwohl die Blütezeit des Hotel Paradiso nicht sehr lange dauerte, konnten sich die Bewohner des Martelltal nie so richtig mit dem damals so modernen Gebäude anfreunden. Für die Marteller blieb es immer eine »Schupf« (Garage).

ZUFALLHÜTTE | SÜDTIROL | ITALIEN 🇮🇹

ITALIEN | SÜDTIROL

42

In Schnee und Eis

Das Ridnauntal liegt schon hinter der Bergsteigerin – bis zur Müllerhütte muss sie aber noch ein Stück wandern.

MÜLLERHÜTTE Die Müllerhütte liegt auf Südtiroler Boden direkt oberhalb des mächtigen Übeltalferners auf der Südseite des Wilden Freigers. Die Lage direkt über dem Gletscher ist ideal für Eisausbildung, Spaltenbergungsübungen und sogar Eiskletterevents. Zudem sind die großen Gipfel der Stubaier Alpen von hier erreichbar.

Endlich stehen wir am Ostgrat des Wilden Freigers. Weit ist es nicht mehr bis zum Gipfel dieses hohen Stubaier Dreitausenders. Aber schmal und ausgesetzt sind die letzten Meter schon. Zudem sind wir schon etwas müde, da wir heute Morgen sehr früh an der Sulzenauhütte gestartet sind. Lang war der Anstieg bis hierher. Wir sind vorbei an der wunderschönen Blauen Lacke gewandert und über den Gletscher der Fernerstube bis zum Lübecker Weg gelangt. Dieser alte Anstieg wurde erst vor ein paar Jahren restauriert. Über den versicherten Grat sind wir bis hierher aufgestiegen. Und nun stellt sich die Frage, wie wir weitergehen. Wir entscheiden uns dazu, den Wilden Freiger auf morgen zu verschieben und zur nahen Müllerhütte abzusteigen.

Freundlich werden wir von der Hüttenwirtin Heidi begrüßt. Die gebürtige Dänin bewirtschaftet seit ein paar Jahren die Müllerhütte. Wir genießen den Nachmittag auf der sonnigen Terrasse und begeistern uns an der Landschaft. Wenn schließlich auch der letzte Sonnenstrahl hinter den Bergen verschwunden ist, treibt die Kälte sogar die Tapfersten nach drinnen. Dann stehen gemütliches Beisammensein und ein ent-

ITALIEN | SÜDTIROL SÜDTIROL | MÜLLERHÜTTE

KURZ ERFASST

TALORT Ridnaun-Maiern, Schönau Passeier

LAGE 3.1457 Meter ü.M.

OFFEN Anfang Juli bis Ende September.

ÜBERNACHTEN 60 Betten in Mehrbettzimmern, 30 Matratzenlager, keine Doppelzimmer, beheizter Winterraum mit 6 Lagern

ESSEN gute Südtiroler Küche mit überaus freundlicher Bewirtung

GUT ZU WISSEN Alle Anstiege sind lang und anspruchsvoll (Gletscherausrüstung erforderlich).

Beim Abstieg vom Wilden Freiger zur Müllerhütte ist noch einmal Konzentration angesagt. Viele Bergunfälle passieren nämlich aufgrund einer Unachtsamkeit auf dem Rückweg.

spannter Hüttenabend auf dem Programm. Auch Heidi setzt sich gern mit den Wanderern an einen Tisch. Denn in der Müllerhütte schätzt man das Erzählen von Geschichten und genauso das Zuhören. Und wer viel in den Bergen unterwegs ist, hat sicher viel erlebt, von dem erzählt werden kann.

Die Zutaten, aus denen auf der Müllerhütte einfache und gute Mahlzeiten – die in dieser Region obligatorischen Spaghetti kommen ebenso auf den Tisch wie Knödel oder Kaiserschmarrn – bereitet werden, müssen nach oben getragen werden, teilweise kommen auch Versorgungsflüge per Hubschrauber. Das Ersteres nicht gerade ein Zuckerschlecken ist, merkt ein jeder, der sich auf den Weg zur Müllerhütte macht. Denn um zu ihr zu gelangen, muss man unweigerlich einen Gletscher überqueren. Klar, Gletscher gibt es in den Alpen so einige. Doch dass eine Hütte nur mit einer Gletscherüberquerung zu erreichen ist, diese Tatsache teilt die Müllerhütte nur mit vier weiteren Hütten in den gesamten Ostalpen. Eine wahre Gletscherhütte ist die Rifugio Cima Libera, so der italie-

MÜLLERHÜTTE | SÜDTIROL | ITALIEN

nische Name der Müllerhütte, also! Nachdem das leckere Essen und die gute Stimmung in der Wirtsstube ausgiebig genossen wurden, geht es trotzdem für die meisten früh ins Bett. Denn wer den Wilden Freiger noch erreichen möchte, sollte am nächsten Morgen früh losgehen.

Schnell ist man unten am Gletscher und überquert den Übeltalferner in Richtung Becherhaus, welches in spektakulärer Lage auf dem Gipfel des Becher über den Übeltalferner wacht. Wir lassen es allerdings rechts liegen und erreichen den Südgrat des Freigers. Mithilfe der Sicherungen turnen wir über den Blockgrat hinauf zum Signalgipfel und über den schmalen Grat zum Gipfelkreuz. Wir befinden uns im Herzen der Stubaier Alpen, und die Aussicht auf die umliegenden Berggipfel ist wirklich großartig. Am meisten freut es uns natürlich, wenn dann auch noch das Wetter stimmt und man strahlenden Sonnenschein genießen kann. Allerdings fällt einem dann auch der Abschied schwerer. Nicht nur dem Bergpanorama muss man auf Wiedersehen sagen, auch der gemütlichen Hütte am Gletscher. ❄

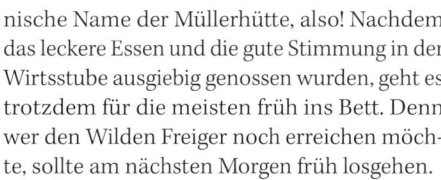

HÜTTENTOUREN

TOUR 1 ZUCKERHÜTL
Der höchste Stubaier Gipfel kann entweder auf dem klassischen Ostweg oder dem längeren, aber einfacheren Westweg begangen werden.
» 750 HM   » 4 km   » 3,5 h   » leicht

TOUR 2 BECHERHAUS
Mitten durch den Übeltalferner gelingt der Hüttenübergang zum Becherhaus, welches spektakulär am Gipfel des Bechers thront.
» 70 HM   » 1,5 km   » 0,75 h   » mittel

TOUR 3 BOTZER
Die Überschreitung des Übeltalferners führt zu einen entlegenen Gipfel, der nicht oft besucht wird und wieder zurück zur Müllerhütte. Die Tour empfiehlt sich vor allem im Frühsommer, solange die Schneelage noch gut ist.
» 480 HM   » 4,5 m   » 3,5 h   » schwer

Von der Müllerhütte geht es über den Wilden Pfaff zum Zuckerhütl – dem höchsten Berg der Stubaier Alpen.

ITALIEN | SÜDTIROL | MÜLLERHÜTTE

Iceparade auf der Müllerhütte

In Schnee und Eis – der Charakter der Müllerhütte spiegelt sich auch in ihren Events wider. Über viele Jahre hinweg fand in unmittelbarer Nähe zur Hütte die sogenannte »Iceparade« statt, bei der die Teilnehmer eine große Gletscherspalte durchklettern mussten. Für dieses Event reisten bis zu 100 meist junge Kletterer aus Südtirol, Österreich und Bayern an. An sich schon Highlight genug, möchte man meinen. Doch Heidi, die gastliche Hüttenwirtin, setzte der Veranstaltung jedes Jahr auf's Neue eine Krone auf, indem sie am Vorabend des Eiskletterwettbewerbs in ihrer Hütte eine große Party mit Live-Bands feierte. Jedes Mal wurde bis spät in die Nacht getanzt und gefeiert.

→ Es erfordert viel Kondition, Kraft und Bergerfahrung, um eine überhängende Eiswand zu durchklettern.

MÜLLERHÜTTE | SÜDTIROL | ITALIEN 🇮🇹

ITALIEN | SÜDTIROL

Die Wechselvolle

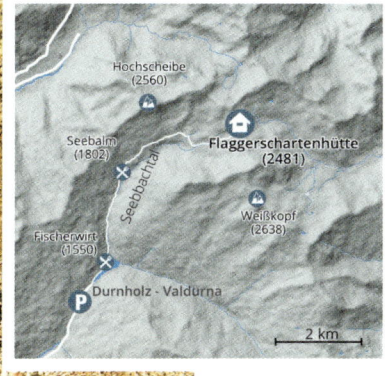

FLAGGERSCHARTENHÜTTE 56 Jahre, eine Namensänderung und die bewegte Geschichte zweier Weltkriege lagen zwischen der Fertigstellung und der offiziellen Einweihung dieser idyllisch gelegenen Hütte in den Sarntaler Bergen. Dass bis heute hier gerastet und übernachtet werden kann, ist eigentlich ein kleines Wunder.

Auf den ersten Blick scheint die steinerne Schutzhütte am kleinen Flaggersee beinahe mit ihrer Umgebung zu verschmelzen. Am Fuß der 2.741 Meter hohen Jakobsspitze, in der ruhigen Abgeschiedenheit des Sarntals gelegen, hebt sie sich tagsüber kaum ab von der felsigen Landschaft, die in den Sommermonaten ein grüner Teppich aus Gräsern und Moosen überzieht. In den Abendstunden, wenn die Felsen das warme Rot der untergehenden Sonne reflektieren, leuchtet auch die Flaggerschartenhütte. So, als würde sie jeden Tag einen dankbaren Gruß ans Universum schicken.

Erlebt hat der zweistöckige, kompakte Bau in seinem über 100-jährigen Bestehen so Einiges. Die im Jahr 1910 erbaute Hütte prägt die wechselvolle Geschichte zweier Weltkriege, von der man sich eigentlich gar nicht vorstellen kann, dass sie diesen friedlich-abgelegenen Ort je erreichen könnte. Begonnen hatte alles als länderübergreifendes Projekt zwischen Deutschland und Österreich, als sich die Alpenvereins-Sektionen Marburg und Siegerland für den Bau eines Schutzhauses zusammenschlossen. Als Marburg-Siegener-Hütte sollte 1914 feierlich Einweihung gefeiert werden. Doch der Erste

Im Frühling, wenn das Wollgras seine Früchte trägt, verwandelt sich das Moor vor der Flaggerschartenhütte in ein Meer von weißen Wattebauschen.

ITALIEN | SÜDTIROL | FLAGGERSCHARTENHÜTTE

KURZ ERFASST

TALORT Durnholzer See/Durnholz, Losenheim, Puchberg, Mittewald

LAGE 2.481 Meter ü.M.

OFFEN Ende Mai bis Mitte Oktober

ÜBERNACHTEN 34 Matratzenlager, 4 Plätze im Winterraum

ESSEN einfache regionale Küche mit Produkten aus der Umgebung. Frühstücksbuffet von 7 Uhr bis 8 Uhr. Abendessen um 18.30 Uhr.

GUT ZU WISSEN Hunde sind nicht erlaubt. Winterraum ohne Herd.

Weltkrieg durchkreuzte diesen Plan. Was folgte, waren Jahre politischer Unsicherheit. Ein Großteil deutscher und österreichischer Alpenvereinshütten in Südtirol wurde im Lauf der Jahre enteignet. Das italienische Militär besetzte die heutige Flaggerschartenhütte, plünderte sie und ließ das Gebäude verfallen. Vergessen aber war es nicht. Die neu gegründete Sektion Brixen des Alpino Italiano bemühte sich in den 1930er-Jahren um einen Pachtvertrag und rettete das Schutzhaus vor dem endgültigen Verfall. Lange währte der Frieden aber nicht, denn erneut überzog der Krieg das Land. Wieder kam ungebetener Besuch ans Ufer des Flaggersees. Wieder verfiel das Gebäude zusehends. Nach Kriegsende übernahm die damalige Untersektion Franzenfeste die Hütte, renovierte und eröffnete sie 1960 nun endlich offiziell unter ihrem jetzigen Namen.

Einfach wurde es trotzdem nicht. Denn die langen Zufahrtswege zur Hütte und eine fehlende Materialseilbahn machten die Bewirtschaftung als Bergsteigerheim von Anfang an zu einem schwierigen Unterfangen. Gerettet

FLAGGERSCHARTENHÜTTE | SÜDTIROL | ITALIEN

hat die Flaggerschartenhütte das Hüttenwirte-Ehepaar Coccia, das die Sache beherzt und pragmatisch anging. In ihrer knapp 25 Jahre währenden Wirtszeit machten sie die Unterkunft zum Geheimtipp für Wanderer und Skitourengeher, die abseits der nahen Touristenpfade Ruhe und Ursprünglichkeit suchten.

Wohl und Weh einer Berghütte hängt also nicht zuletzt vom Wirt beziehungsweise der Wirtin ab. Seit 2019 bewirtschaftet das Wirteteam Maura und Mauro die Flaggerschartenhütte. Unter ihrer noch jungen Führung läuft es wieder rund im einsamen Hochtal. Die geschichtsträchtige Hütte gilt als beliebte Anlaufstelle und bietet 34 Gästen einen Schlafplatz. Auch im Winter finden Tourengeher einen Schutzraum, allerdings hat dieser nur vier Schlafplätze. Mauro hat in der Küche das Sagen. Ihm ist die Regionalität der Zutaten ein wichtiges Anliegen, und auch, dass alle Gerichte hausgemacht sind, schmeckt man. Am Morgen gibt es ein Frühstücksbuffet – durchaus eine Besonderheit, die man nicht auf jeder Berghütte geboten bekommt.

HÜTTENTOUREN

TOUR 1 **TAGEWALDHORN**
Ein markierter Steig führt nordwärts, wobei bald ein kurzer, drahtseilversicherter Aufstieg durch eine Felswand zu bewältigen ist. Über den steilen Ostgrat erreicht man den Gipfel.
» 210 HM » 2 km » 1,5 h » mittel

TOUR 2 **JAKOBSSPITZE**
Auf den Hausberg der Hütte gelangt man südwärts über einen ausgeschilderten Weg, der über Geröll und Schrofen führt.
» 240 HM » 1,2 km » 1 h » leicht

TOUR 3 **HUFEISENTOUR**
Die siebentägige Wanderung auf dem Hufeisenweg in den Sarntaler Alpen ist ein Muss für jeden ambitionierten Bergsteiger: Am Ende erhält man das »Goldene Hufeisen«.
» 6.020 HM » 94 km » 33 h » schwer

Es gibt keine Tageszeit, zu der die Dolomiten so schön anzusehen sind, wie zur Morgenstund' – die bekanntlich Gold im Mund hat.

ITALIEN | SÜDTIROL | FLAGGENSCHARTENHÜTTE

Rambazamba

Dass der Wind mit ganz gehörigem Tempo über die Flaggerschartenhütte hinwegtosen kann, mussten schon manche Hüttenwirte erfahren. Unter ihnen die Familie Niederkofler, die nach einem besonders heftigen Sturm einen Teil des Hüttendachs im Flaggersee wiederfanden.

Schwingungen anderer Art lagen in der Luft, als Elisabeth Illmer die Hütte bewirtschaftete. Viele Jahre lang fanden Besucher Ruhe und meditative Entspannung hier, nicht zuletzt durch ein vielfältiges Angebot an Kursen und Veranstaltungen. Als passionierte Jodlerin ließ Elisabeth selbst regelmäßig fröhliches Jauchzen erklingen und unterrichtete Interessierte in dieser Kunst. Ob mit oder ohne Übungseinheit: Beherztes Jodeln ist unbedingt zur Nachahmung empfohlen.

Ein Unwetter in den Bergen ist imposant: Der Regen prasselt in Strömen, Sturmböen ziehen über die Bergkuppen, Donner dröhnt durch die Täler – hinter der schützenden Wand einer Berghütte ist das alles kein Problem.

FLAGGENSCHARTENHÜTTE | SÜDTIROL | ITALIEN

HÜTTENBUCH

HÜTTENBUCH

Alte (Biwak)Schachteln: Manchmal charmant, manchmal scheußlich: Notlager der besonderen Art

In diesem Buch haben wir bisher nur bewirtschaftete Hütten vorgestellt. Für besondere Unternehmungen und Notfälle gibt es Biwakschachteln. Diese sind manchmal in gutem Zustand, manchmal ziemlich verwahrlost. Während sie in Deutschland, Österreich, der Schweiz, Slowenien und Frankreich eher Notunterkünft sind, herrscht vor allem in Italien eine regelrechte Biwakkultur. Hier werden die Schachteln für die Tourenplanung gern einbezogen.

Welche Biwakschachteln sind unsere Highlights? Wir mögen das Rheinland-Pfalz-Biwak auf dem Mainzer Höhenweg. Das Günther-Messner-Biwak am Hochferner ist ein wichtiger Stützpunkt für die Hochfeiler Nordwand, und das Laliderrerspitzen-Biwak steht mitten in einer Mondlandschaft im Karwendelgebirge. Die große Auswahl ermöglicht es jedem, seinen eigenen Favoriten zu finden.

Wie eine Schnecke aus ihrem (übergroßen) Haus blickt diese leuchtend rote Biwakschachtel in der Lombardei unter einem mächtigen Felsbrocken hervor.

🇮🇹 ITALIEN | SÜDTIROL

Die Historische

SCHLERNHAUS Seit 140 Jahren steht das Rifugio Bolzano, wie das Schlernhaus auf Italienisch heißt, auf dem Hochplateau des mächtigen Schlern, unweit des höchsten Punktes des Berges. Es hat Wind und Wetter genauso überstanden wie die zwei verheerenden Weltkriege. Das Haus selbst ist immer wieder Gegenstand politischer Diskussionen, da es sowohl für die deutschen als auch die italienischen Sprachgruppen von großer Bedeutung ist.

Ein langer Tag liegt bereits hinter uns, als es schlagartig anfängt zu gewittern. Obwohl wir uns schon auf dem weiten Plateau des Schlern befinden und es nicht mehr weit bis zur Hütte ist, reicht es nicht mehr, um trockenen Fußes dort anzukommen. Der Gewitterschauer erwischt uns so plötzlich, dass nicht einmal mehr das schnelle Anziehen der Regenkleidung hilft. Als wir die Hütte endlich erreichen, triefen wir vor Nässe. Na, das ist ja mal eine Begrüßung!

Wie als Entschädigung für den nassen Start präsentiert sich das Schlernhaus von seiner besten Seite. Silvia und Harald kümmern sich mit viel Herzblut um »ihre« Hütte und die Gäste, immerhin ist das Schlernhaus seit den 1970er-Jahren in Familienbesitz und von den Eltern 1999 übernommen worden. Auf den Tisch kommt Schmackhaftes und Kräftigendes aus der Südtiroler Küche. Dabei genießt man neben dem Essen – besonders zu empfehlen ist übrigens die Gerstensuppe – die Aussicht auf das Bergpanorama durch die großen Fenster der

← Am Abend taucht der Sonnenuntergang den Rosengarten – das Gebirgsmassiv hinter dem Schlernhaus – in einen sanften Gelbton.

ITALIEN | SÜDTIROL | SCHLERNHAUS

KURZ ERFASST

TALORT Völs am Schlern

LAGE 2.457 Meter ü.M.

OFFEN Juni bis Oktober

ÜBERNACHTEN 15 Doppelzimmer, 40 Betten in Mehrbettzimmern, 57 Matratzenlager, beheizter Winterraum

ESSEN hochwertige und regionale Speisen mit typischen Gerichten der Südtiroler Küche

GUT ZU WISSEN Bei einem Anstieg über Völs ist ein Gepäcktransport auf die Hütte mit vorheriger Absprache möglich. Waschräume mit zwei Warmwasser-Duschen

Die Mischung aus Wegen durch saftig grüne Wiesen hinauf zur steinigen Rosszahnscharte machen die Tour durch den Naturpark Rosengarten zu einem Erlebnis.

Wirtsstube. Und währenddessen trocknet die nasse Kleidung. Dank des Kamins wird einem in der Gaststube auch selbst wieder warm. So lässt sich nach dem Essen noch herrlich zusammensitzen.

Danach wartet einer der 120 Schlafplätze auf die erschöpften Wanderer. Dabei hat man die Wahl zwischen einem Bett im Doppel- oder Einzelzimmer, oder man entscheidet sich für einen Platz im Schlaflager. Decken sind vorhanden, doch besonders im Herbst und Frühling sollte man einen Schlafsack mitbringen, denn in den Schlafräumen kann es noch kalt werden. Hüttenschlafsäcke sind auch im Sommer aus hygienischen Gründen Pflicht. Aber das wird ein erfahrener Hüttenwanderer bereits wissen. Immerhin gehört das zu den »3 H«, die man in der Regel auf jeder Berghütte dabei haben sollte: Hausschuhe, Handtuch, Hüttenschlafsack.

Wenn es den Kids mal langweilig wird oder das Wetter zu ungemütlich zum Draußensein erscheint, hat das Schlernhaus außerdem ein paar Brettspiele zum Zeitvertreib in petto.

Übrigens: Die Historie des Schlernhaus ist beachtlich. Nach dem Ersten Weltkrieg wurde

SCHLERNHAUS | SÜDTIROL | ITALIEN

es dem deutschsprachigen Alpenverein Bozen enteignet und dem italienischen Club Alpino Italiano übertragen. Versuche, die Hütte nach dem Zweiten Weltkrieg wieder dem Alpenverein Südtirol zu überlassen, scheiterten. Auch heute noch sorgen die Eigentumsverhältnisse des Schlernhauses bei alteingesessenen Mitgliedern des Alpenvereins Bozens und des Club Alpino Italiano für Diskussionsstoff.

Am nächsten Tag heißt es früh aufstehen, um auf den Petz, den höchsten Punkt am Schlern, zu steigen.

Wenig später, als die Sonne aufgeht, sind alle Mühen vergessen. Was für ein herrliches Wunder! Das Rosengartenmassiv fängt im Strahl der Morgensonne an zu glühen. So war es in der Sage von König Laurin vorhergesagt: Laurin belegte den Rosengarten einst mit einem Fluch. Weder bei Tag noch bei Nacht sollte er sichtbar sein. Laurin aber hatte die Dämmerung vergessen, und so kommt es, dass der verzauberte Garten auch heute noch seine Steinrosen für kurze Zeit erstrahlen lässt. Das Rotglühen der Felsen zur Dämmerung ist heute als Enrosadira (Alpenglühen) bekannt.

HÜTTENTOUREN

TOUR 1 SEISER ALM
Der lange, aber leichte Rundweg führt über breite Wege durch den Naturpark Schlern-Rosengarten zunächst zur Tierser-Alpl-Hütte, die direkt unterhalb der zackigen Felsspitzen der Rosszähne liegt, und danach zur Mahlknechthütte, bevor Europas größte Hochalm, die Seiser Alm, erreicht wird. Der Rückweg zum Schlernhaus erfolgt über die Saltnerhütte.
» 1.150 HM   » 23 km   » 7,5 h   » leicht

TOUR 2 TSCHAFONHÜTTE
Vom Schlernhaus steigt man zunächst über den Moarboden und die Sesselschwaige ab, wo sich eine Rast anbietet. Über den Prügelsteig im Schlernbachtal und einen Waldweg im Mangaduierbachtal steigt man schließlich zur Tschafonhütte auf. Ein alternativer Weg führt über den Klettersteig Nigglberg.
» 300 HM   » 8 km   » 3,5 h   » schwer

Vor der wunderbaren Kulisse des Rosengartens machen es sich Haflinger auf der sattgrünen Weidefläche bequem.

ITALIEN | SÜDTIROL | SCHLERNHAUS

Der Sagenberg

Nicht nur den Rosengarten, auch den Schlern umranken Sagen. Viele davon handeln von den Schlernhexen, häufig in Zusammenhang mit schweren Unwettern, die sie rings um den Schlern heraufbeschwört haben sollen. Wenn man den Legenden Glauben schenken will, soll einst ein Zwerg die Hexen beim Schmieden eines Plans belauscht haben. Der Plan sah ein verheerendes Unwetter vor, welches die gesamte Gegend komplett zerstören sollte. Der Zwerg hörte auch, dass dieser Plan nur durch das Läuten einer Kirchenglocke durchkreuzt werden konnte. Natürlich informierte der Zweg umgehend den ersten Pfarrer, den er finden konnte, und konnte somit das Unwetter abschwächen und die Gegend retten.

Heute wird das Motiv der Hexen in den umliegenden Orten in Form von Puppen und Statuen verwendet. Auf dem Puflatsch an der Seiser Alm befinden sich markante Steinformationen, die als Hexenbänke bezeichnet werden, auf denen sich die Hexen der Sage nach auch heute noch gern niederlassen und die spektakuläre Aussicht genießen. Und egal ob man an die alten Mären glaubt oder nicht – Letzteres sollte man den Sagengestalten dringend gleichtun.

Ob die Schlernhexen hinter dem aufziehenden Unwetter stecken? Feststeht, dass das Wolkenkleid dem sagenumwobenen Schlern eine mystische Aura verleiht.

SCHLERNHAUS | SÜDTIROL | ITALIEN ▮▮

ITALIEN | SÜDTIROL

Im Kletterparadies

GARTLHÜTTE Ihren deutschen Namen verdankt die Rifugio Re Alberto, die im Herzen des Rosengarten-Massivs ihren Platz gefunden hat, ihrer Lage in einem »Gartl« genannten Schuttkar. Umgeben wird sie von den riesigen Gebirgsfestungen der Dolomiten wie der Laurinswand, der Kesselkogel-Nordwand und den berühmten Vajolettürmen, Delago-, Stabeler und Winklerturm, an denen Klettergeschichte geschrieben wurde. Sie zählen sicherlich zu den beeindruckendsten Felstürmen in den Alpen und sind auch heute noch sehr beliebte Kletterziele.

← Am Fuß der Vajolettürme hat die Rifugio Re Alberto ihren Standort im »Gartl«-Schuttkar festgelegt – ein idealer Ausgangspunkt für Kletter(steig)touren.

Wir stehen an der Tür zur Gartlhütte und freuen uns, endlich angekommen zu sein. Noch haben wir keinen Blick für die Schönheit der Hüttenlage. Zu lang war unser heutiger Tag. Nach einem frühen Start sind wir am Karerpass angekommen und mit dem Sessellift zur Kölner Hütte gefahren. Dann folgte der Klettersteig auf den Santnerpass – ein echter Klassiker in den Dolomiten, der nicht unterschätzt werden sollte. Die Versicherungen beginnen erst ziemlich weit oben, vorher müssen wir einige ungesicherte Felsstellen hinaufsteigen. Das bringt unseren Adrenalinhaushalt ordentlich in Wallung. Als wir am Santnerpass aus dem Klettersteig aussteigen, entspannen sich unsere Nerven, und wir setzen uns erst einmal in die Sonne. Jetzt erwartet uns der gemütliche Abstieg zum heutigen Ziel, der Gartlhütte.

ITALIEN | SÜDTIROL | GARTLHÜTTE

KURZ ERFASST

TALORT Gardeccia (Trient), Welschnofen (Südtirol)

LAGE 2.621 Meter ü.M.

OFFEN Mitte Juni bis Ende September

ÜBERNACHTEN 60 Zimmerbetten, Winterraum mit vier Schlafplätzen

ESSEN eine gelungene Mischung aus Tiroler und Italienischer Küche

GUT ZU WISSEN Der Santnerpass Klettersteig ist sehr eindrucksvoll.

Auf dem Klettersteig zum Paternkofel genießen Wanderer einen traumhaften Ausblick auf den Lago dei Piani, die Schusterplatte und den Altensteinspitz.

Einmal angekommen, sollte man es nicht allzu eilig mit dem Beziehen des Lagers haben, denn das Ambiente, das sich vor der Hütte ausbreitet, ist einfach großartig, und so sollte man sich die Zeit nehmen, um es gebührend zu genießen. Die drei Vajolettürme sind zum Greifen nah. Senkrecht ziehen sie in Richtung Himmel.

Der erste Bau der Gartlhütte wurde 1929 errichtet. Der berühmte Bergsteiger Tita Piaz kaufte 1933 die Hütte und eröffnete das Rifugio Re Alberto 1., welche ihren Namen zu Ehren des belgischen Königs Albert I. erhielt, mit dem Piaz auf einigen Dolomitenrouten unterwegs war.

Piaz war ein begnadeter Kletterer und wurde aufgrund seines unbegreiflichen Könnens auch »Teufel der Dolomiten« genannt. Er entwickelte die nach ihm benannte Piazklettertechnik. Für die Erstbesteigung an den Vajolettürmen kam er allerdings zu spät. Trotzdem hinterließ er in den Folgejahren an den Türmen seine Spuren. Zahlreiche Routen gehen auf sein Konto zurück. Auch die heute beliebteste Kletterroute an der Südwestkante des Delagoturms

GARTLHÜTTE | SÜDTIROL | ITALIEN

– auch als Delagokante bekannt – eröffnete er 1911. Mit seiner Hütte hatte er einen idealen Stützpunkt mitten im Kletterparadies geschaffen. Ein weiteres Denkmal ist der nach ihm benannte Piazturm, den er 1899 erstbestieg.

Inzwischen genießen wir in der Hütte die leckere Küche, die sowohl Tiroler, als auch italienische Spezialitäten serviert. Die Hütte selbst hat in den letzten Jahren den Charme einer richtigen Bergunterkunft erhalten. Gemütliche Zimmer mit drei und vier Betten gibt es genauso wie einen großen Schlafsaal. Am Abend gönnen wir uns in der Gaststube neben den Leckereien der Küche auch ein Glas Rotwein – fast schon ein Muss auf einer italienischen Hütte.

Am nächsten Morgen steigen wir hinunter in Richtung Vajolethütte. Beeindruckend windet sich der Steig durch die steile Schlucht bergab. Wir genießen grandiose Tiefblicke und lassen unseren Ausflug Revue passieren. Wir sind uns einig: Sowohl der Santnerpass als auch die Übernachtung auf der Gartlhütte werden uns eindrucksvoll in Erinnerung bleiben. ❄

Die Vajoletürme sind nicht nur bei Kletterern beliebt: Zwischen dem Delagoturm und dem Stabelerturm spannt sich eine Highline in schwindelerregender Höhe.

HÜTTENTOUREN

TOUR 1 SANTNERPASS-STEIG
Der Klettersteig erfordert Trittsicherheit und Schwindelfreiheit. Wer Zeit hat, kann die Tour mit dem Rotwand- oder dem Masaré-Klettersteig kombinieren.
» 960 HM   » 7,5 km   » 5 h   » mittel

TOUR 2 KESSELKOGEL
Über den Grasleitenhang geht es am Massiv des Kesselkogels zum Gipfel. Am Schluss muss man eine kurze Leiter passieren.
» 730 HM   » 5 km   » 3,5 h   » mittel

TOUR 3 STABELERTURM
Die Genussklettertour »Fehrmann« führt in sechs Seillängen im IV. Schwierigkeitsgrad auf den mittleren Gipfel der Vajoletürme.
» 200 HM   » 0,6 km   » 5 h   » schwer

ITALIEN | SÜDTIROL | GARTLHÜTTE

König Laurins Garten

Auch wenn wir am Schlern schon einmal kurz auf die Sage um den Zwergenkönig Laurin eingegangen sind, so müssen wir es hier noch einmal tun. Denn hier im Gartl, wo die Rifugio Re Alberto steht, befand sich der volkstümlichen alpenländischen Legende nach König Laurins wunderschöner Rosengarten. Eines Tages raubte Laurin die Tochter des Fürsten von Bozen, in die er sich verliebt hatte. Daraufhin machte sich der Ritter Dietrich von Bern auf, die Fürstentochter zurückzuholen. Im Rosengarten traf er auf den Zwergenkönig, der mit einem Zaubergürtel und seiner Tarnkappe bewaffnet war, die ihn unsichtbar machten. Trotzdem konnte Dietrich den König besiegen, indem er dorthin schlug, wo sich die Rosen bewegten – und Laurin sich verbarg. Die Rosen hatten den König verraten. Zornig verfluchte Laurin schließlich seine geliebten Rosen, die sogleich versteinerten, sodass sie niemand mehr sehen konnte. Nur im Glühen bei Sonnenauf- und -untergang erahnt man sie heute noch.

Bei Dämmerung könnte man meinen, den rot blühenden Rosengarten des Zwergenkönigs Laurin zu sehen.

GARTLHÜTTE | SÜDTIROL | ITALIEN 🇮🇹

ITALIEN | SÜDTIROL

Die Handliche

Das moderne und mit dem Südtiroler Architekturpreis ausgezeichnete Schutzhaus der Tierser Alpl Hütte steht am Fuß der bizzaren Dolomiten-Formation Rosszähne.

TIERSER ALPL HÜTTE Zwischen dem Rosengarten und dem Schlern steht die Tierser Alpl Hütte – ein sehr komfortables und modernes Schutzhaus. Kaum zu glauben, dass die erste Schutzhütte hier von Menschenhand erschaffen wurde. 1957 begann Max Aichner allein die Hütte zu erbauen. Seitdem wurde sie mehrfach erweitert und dadurch immer gemütlicher.

Gewitter rollen über den Schlern und den Rosengarten hinweg. Wir haben es gerade noch rechtzeitig trocken in die Hütte geschafft. Es ist der erste Tag unserer geplanten Rosengartendurchquerung. Unser Weg führte uns von der Seilbahn-Bergstation Kompatsch auf der Seiser Alm über die Mahlknechthütte und das Dialer Kirchl zur Tierser Alpl Hütte. Kurz vor unserem Ziel hatten wir dann doch noch Zeit, die am Wegesrand spielenden Murmeltiere zu beobachten. Wir haben uns bewusst gegen den eindrucksvolleren Weg über die Rosszahnscharte entschieden. Dies erschien uns aufgrund der labilen Wetterlage etwas zu kritisch.

An der Hütte sind wir überrascht über den Komfort, den wir vorfinden. Die Zimmer sind aufgeteilt in Größen von maximal acht Personen, es gibt saubere Waschräume, Duschen und einen Schuhtrocknungsraum. Alles ist in hellem Holz gehalten und wirkt sehr freundlich, beinahe wie ein Stück Skandinavien inmitten der Alpen. Als wir vor ein paar Jahren schon einmal hier waren, wurde die Hütte gerade umgebaut. Trotzdem wurden wir damals von der Familie Aichner sehr freundlich empfangen.

ITALIEN | SÜDTIROL | TIERSER ALPL HÜTTE

KURZ ERFASST

TALORT Seis am Schlern

LAGE 2.444 Meter ü.M.

OFFEN Ende Mai bis Mitte Oktober

ÜBERNACHTEN 5 Doppelzimmer, 64 Betten in Mehrbettzimmern, 53 Matratzenlager, Winterraum mit 6 Plätzen

ESSEN gute Tiroler Küche mit mediterranem Einschlag, regionale Zutaten

GUT ZU WISSEN Bei stabilem Wetter unbedingt den Weg über die Rosszahnscharte gehen.

Ausgezeichnet ist auch die Küche. Die Wirte Stefan und Judith lieben gutes Essen und verwöhnen ihre Gäste dementsprechend. Sie servieren Tiroler Küche mit mediterranem Einschlag. Dabei kommen die Zutaten fast vollständig aus der Region. So findet man auf der Karte beispielsweise Rindertafelspitz mit Röstkartoffeln oder die Spezialität des Hauses, den Tierser-Alpl-Teller mit Polenta, Tomaten und Käse überbacken. Und weil man sich nach einer Wanderung auch etwas Süßes gönnen darf, gibt es zum Nachtisch verschiedene Strudel und Kuchen.

Die beiden Hüttenwarte führen seit rund 30 Jahren die Hütte. Judith übernahm die Hütte von ihrem Vater Max. Diesem fehlte nach dem Zweiten Weltkrieg die Perspektive. Auswandern aus seinen geliebten Bergen war für ihn keine Alternative, also kaufte er sich ein 200 Quadratmeter großes Grundstück unter den Rosszähnen. 1957 machte er sich allein mit Schubkarre und Pickel auf den Weg, um dort oben eine Schutzhütte zu erbauen. Es dauerte sechs Jahre, bis er sein Werk fertig gestellt hatte.

Heidel- (oben) und Preiselbeeren (unten) fühlen sich zur Freude vieler Wanderer auch in den Alpen wohl.

TIERSER ALPL HÜTTE | SÜDTIROL | ITALIEN

Der Maximilian-Klettersteig über die Rosszähne und der Laurenzi-Klettersteig, den er nach seiner Frau Laura benannte, wurden ebenfalls von ihm erbaut. Letzteren haben wir uns für den nächsten Tag vorgenommen. Es ist ein spannendes Felsabenteuer, das eine sichere Wetterlage voraussetzt. Heute haben wir Glück, denn die Gewitter sind abgezogen und uns lächelt schon am Morgen die Sonne an. Wir steigen von der Hütte hinauf zum Molignonpass. Mit jedem Höhenmeter wird die Aussicht großartiger. Das rote Hüttendach glänzt in der Sonne, und darüber erheben sich die Rosszähne. Der Klettersteig ist im Gegensatz zu vielen anderen Wegen im Rosengarten verhältnismäßig ruhig, denn er liegt etwas abseits der Hauptwege, und seine Schwierigkeiten sind nicht zu unterschätzen. Insgesamt genießen wir einen großartigen Gang über einen ausgesetzten Grat im östlichen Rosengarten, der mit einer entspannten Nacht in der Tierser Alpl Hütte begonnen hat. Wir denken an Max Aichner und seinen Pioniergeist zwischen Schlern und Rosengarten. ❄

HÜTTENTOUREN

TOUR 1 MAXIMILIAN KLETTERSTEIG
Zur höchsten Erhebung des Schlernplateaus, der Roterdspitze, gelangt man über den drahtseilversicherten Aufstieg zum großen Rosszahn und über die Roterdscharte.
» 240 HM » 5 km » 3,5 h » leicht

TOUR 2 PLATTKOFELHÜTTE
In einem steten Auf und Ab führt der Weg Nr. 4 durch Almwiesen und schließlich zur Plattkofelhütte. Wer noch Lust und Kondition hat, kann noch den Plattkofel besteigen.
» 180 HM » 6,5 km » 2 h » mittel

TOUR 3 GRASLEITEN-UMRUNDUNG
Von der Tierser Alpl geht es über den Molignonpass zur Grasleitenhütte und durch das Bärenloch wieder zurück.
» 800 HM » 8 km » 5 h » mittel

Zwischen Schlern, Langkofel und Rosengarten südlich der Seiser Alm hat die Tierser Alpl Hütte ihren Platz am Tierser Sattel gefunden.

🇮🇹 ITALIEN | SÜDTIROL

Die Grüne

Eingebettet in die sattgrüne Berglandschaft könnte man meinen, die Brixner Hütte befindet sich auf Neuseeland. Aber weit gefehlt – solch bezaubernde Natur lässt sich auch in Südtirol finden.

BRIXNER HÜTTE Von einem Kranz grün bewachsener Berggipfel umrandet, befindet sich die Brixner Hütte am Rand der Pfannealm, einer herrlichen, von Almweiden und steilen Mattenhängen geprägten Hochfläche in den Pfunderer Bergen. Am Pfunderer Höhenweg gelegen, nutzen besonders Weitwanderer die Hütte gern als Stützpunkt.

Handyempfang? Fehlanzeige! Umso besser, denn dann kann man sich einfach mal zurücklehnen, ist unerreichbar, und kein Klingeln stört die Ruhe. Viel geredet werden muss auch nicht, denn das Panorama, das sich von der Terrasse der Brixner Hütte aus bietet, ist so eindrucksvoll, dass es einem den Atem verschlägt. Die Berghänge sind bis weit nach oben begrünt. Das ist eine Wohltat für Wanderer, die doch oft nur grauen kahlen Fels oder Eis vor Augen haben, sobald sie das Tourenziel in der Höhe erreicht haben. Natürlich muss man sich den Anblick, der viele ans Allgäu erinnert, mit anderen teilen, denn auch wenn die Region weniger bekannt ist. Die Brixner Hütte ist ein Ort, an den man gern zurückkehrt.

Zum einen liegt es an den schönen Wanderungen, die man von hier aus unternehmen kann. Die beiden Dreitausender Wilde Kreuzspitze und Wurmaulspitze lassen sich erkunden oder auch die Pfannespitze. Zum anderen liegt es an dem Charme der Hütte. Sie ist recht klein und dadurch sehr gemütlich. Es gibt gute Südtiroler Küche, und das Hüttenteam um Simon, Christoph und Magda kümmert sich liebevoll

ITALIEN | SÜDTIROL | BRIXNER HÜTTE

KURZ ERFASST

TALORT Vals

LAGE 2.282 Meter ü.M.

OFFEN Anfang Juni bis Mitte Oktober

ÜBERNACHTEN 37 Matratzenlager, Winterraum mit 6 Lagern

ESSEN qualitative, traditionelle Gerichte

GUT ZU WISSEN Die Auffahrt zur Fanealm ist im Sommer nur vor 9 und nach 17 Uhr gestattet. Ansonsten fährt ein Bus von Vals.

Wenn man Glück hat, trifft man auf dem Weg zur Brixner Hütte auf Murmeltiere.

um seine Gäste. Als Teil der DAV-Kampagne »So schmecken die Berge« bereitet die Brixner Hütte das leckere Essen aus regionalen Zutaten zu. Besonders zu empfehlen sind die Hirtenmakkaroni (italienisch maccheroni alla pastora) und die Gerstensuppe, aber auch die aus Buchweizenmehl gefertigten Knödel mit Käse sind ein Traum, den man auf Berghütten nicht oft zu träumen wagt. Als Nachtisch gibt es köstlichen Aprikosenkuchen oder Strudel.

40 Personen bietet die Hütte einen Schlafplatz im Lager an. Daher wird es abends, wenn die Tagestouristen wieder auf ihrem Heimweg sind, noch mal deutlich ruhiger und gemütlicher. Man genießt gemeinsam die letzten Sonnenstrahlen über den grünen Gipfeln oder sammelt sich bei Regenwetter um den Stubentisch für ein paar Kartenspielrunden.

Erstmals wurde 1909 eine Hütte an diesem Flecken faszinierender Erde eröffnet, damals noch als Selbstversorgerhütte. Diese ereilte jedoch ein Schicksal, das vielen Südtiroler Hütten gemein ist. Im Zug des Ersten Weltkriegs

BRIXNER HÜTTE | SÜDTIROL | ITALIEN

wurde sie enteignet und verfiel nach dem Zweiten Weltkrieg. Erst in den 1970er-Jahren wurde eine neue Hütte errichtet. 20 Jahre später wurde sie nochmals erweitert und in dieser Form lädt sie bis heute Wanderer ein, ihr Idyll und ihre Gastfreundschaft zu genießen.

Eine Tour, die man gegangen sein sollte, bevor man die grünen Berge wieder verlässt, führt auf die Wurmaulspitze. Sie ist der Hüttenberg und mit knapp über 3.000 Metern ein richtig schönes Gipfelziel. Steil und problemlos zieht der Steig über die grünen Hänge bergauf. Eigentlich ist die Tour nicht schwer. Nur im letzten Abschnitt stellt sich den Wanderern eine Felsstufe in den Weg. Hier heißt es aufpassen und vorsichtig zum Gipfelkreuz hinüberklettern. Der Gipfel bietet die Möglichkeit, Abschied zu nehmen von diesem besonderen Gebiet. Es sind nicht immer die großen Gipfel, die in Erinnerung bleiben, sondern manchmal auch die ruhigen und beschaulichen Berge, wie eben Wurmaulspitze und Wilde Kreuzspitze.

HÜTTENTOUREN

TOUR 1 WILDER SEE
Zwischen den Gipfeln der Wilden Kreuzspitze und dem Rauhtaljoch führt der Weg zum malerischen Bergsee.
» 530 HM   » 5 km   » 2,5 h   » leicht

TOUR 2 WILDE KREUZSPITZE
Die Begehung des höchsten Gipfels der Pfunderer Berge gestaltet sich als technisch wenig schwer, sodass auch konditionsstarke Wanderer ihre Freude daran haben.
» 780 HM   » 3,6 km   » 2,5 h   » mittel

TOUR 3 PFUNDERER HÖHENWEG
Die Mehrtagestour führt knapp südlich des Alpenhauptkammes durch die Pfunderer Berge von Sterzing bis nach St. Georgen bei Bruneck.
» 5.580 HM   » 72 km   » 30 h   » schwer

Steile Serpentinen bringen ambitionierte Wanderer auf die Wurmaulspitze. Entschädigt werden die Mühen vom sagenhaften Ausblick auf die Wilde Kreuzspitz und das Valsertal.

ITALIEN | SÜDTIROL | BRIXNER HÜTTE

Das Almdorf Fane

Im Mittelalter als Lazarett für Pest- und Cholera-Kranke entstanden, gehört das urige Almdorf im Valsertal heute zu den schönsten Almen Südtirols. In dem kleinen Dorf liegen um die 30 Gebäude verstreut und werden von einer einmaligen Berg- und Naturkulisse umgeben. Wohn- und Heuhütten sind genau so zu finden wie eine kleine Kirche. Der rustikale Charakter der Häuser zieht Besucher schnell in seinen Bann. Den Sommer über wohnen hier Bauern, um die Alm zu bewirtschaften. In einigen Hütten besteht zudem das ganze Jahr über die Möglichkeit einzukehren und sich ein frisches Glas Milch von Kühen der Alm schmecken zu lassen. So wird Fane zum idealen Ort, um sich auf die Wanderung zur Brixner Hütte einzustimmen.

→ Eingebettet in eine einmalige Berg- und Naturlandschaft liegen insgesamt 30 Gebäude, bestehend aus Wohn- und Heuhütten, einer kleinen Kirche und drei Almschenken, im Bergdorf Fane verstreut.

BRIXNER HÜTTE | SÜDTIROL | ITALIEN 🇮🇹

ITALIEN | SÜDTIROL

Die Wilde

PISCIADU HÜTTE Karg, schroff, zerklüftet – das mächtige Sella-Massiv der Dolomiten. Eine Welt fast wie von einem anderen Planeten. Mittendrin in dieser felsigen Wildnis wacht die Pisciadù Hütte über die Grödnerjoch-Pass-Straße. Der tiefblaue Pisciadùsee macht das Landschaftsbild noch perfekt.

Wir stehen vor dem krönenden Abschluss des Pisciadù-Klettersteigs: der berühmten Hängebrücke. Schwierig ist es nicht, sie zu überqueren, schließlich wurde die Brücke aus solidem Holz erbaut. Aber die Szenerie in dieser wildzerklüfteten Dolomitenlandschaft ist wirklich sehr eindrücklich.

Der Pisciadù-Klettersteig ist im wahrsten Wortsinn der absolute Renner – Wanderer strömen aus nah und fern zu diesem zu Recht berühmten Klettersteig. Ein kurzer Zustieg, spektakuläre Landschaftsformen, ein mittlerer Schwierigkeitsgrad und eine tolle Hütte sind die Argumente für einen schönen Klettersteigtag. Dem Pisciadù-Steig verleihen unter anderem die Querung eines Wasserfalls, das Erklimmen einer senkrechten Klammernreihe und der steile Anstieg am beeindruckenden Exnerturm die besondere Würze. Allerdings muss man das Erlebnis gerade am Wochenende mit vielen Gleichgesinnten teilen. Wir haben einen verhältnismäßig ruhigen Tag im Herbst erwischt.

Nach der Brücke kommt nur noch einfaches Gehgelände. Wenig später sitzen wir auf der Terrasse der Pisciadù Hütte und genießen den Ausblick und die leckere ladinische Küche, welche deftige Knödel und einen köstlichen Apfelstru-

← Umragt von bizarren Felsformationen stellt man sich an der Pisciadù Hütte schon einmal die Frage, ob man sich überhaupt noch auf dieser Erde befindet.

ITALIEN | SÜDTIROL | PISCIADU HÜTTE

KURZ ERFASST

TALORT Alta Badia, Kolfuschg

LAGE 2.587 Meter ü.M.

OFFEN Anfang Juli bis Ende September

ÜBERNACHTEN 76 Betten, 100 Lager

ESSEN gute Südtiroler und ladinische Küche

GUT ZU WISSEN Selbst für den Normalweg empfiehlt sich ein Helm.

Auf der gut abgesicherten, hölzernen Hängebrücke des Pisciadù-Klettersteigs kann nicht viel passieren. Dennoch hat der ein oder andere beim Überqueren ein mulmiges Gefühl im Bauch.

del als Nachtisch für uns bereit hält. Die Kraft, die wir im Klettersteig verbraucht haben, können wir somit wieder auftanken. Für den nächsten Tag sind wir gestärkt.

Die Aussicht von der Terrasse ist beeindruckend. Der Blick schweift vom türkisfarbenen Pisciadùsee zu den Gipfeln der Cima Pisciadù, dem Sassongher, der Cir und hinüber in die Fanesgruppe. Am glücklichsten können sich alle diejenigen schätzen, die bei gutem Wetter die Hütte besuchen. Denn das lodernde Alpenglühen wird man nicht so schnell vergessen, wenn man es von hier oben beobachten durfte. Und dann erst der Sternenhimmel! So mancher würde vermutlich lieber die Nacht im Freien unter dieser Decke aus unzähligen funkelnden Sternen verbringen, als unter den wollnen Decken der Stockbetten im Inneren der Hütte – selbst wenn diese noch so gemütlich sind. 1902 hat die Sektion Bamberg die erste Hütte

PISCIADU HÜTTE | SÜDTIROL | ITALIEN

Ein lohnendes Ziel ist der Cima Pisciadù, welcher sich nur etwa 400 Höhenmeter von der Hütte entfernt befindet.

an dieser Stelle erbaut. Lange Zeit war ihr Schicksal ungewiss. Nach dem Ersten Weltkrieg wurde sie enteignet und bekam kaum Aufmerksamkeit. Erst mit der Übernahme durch den Club Alpino Italiano nach dem Zweiten Weltkrieg wurde die Hütte ausgebaut.

Heute sind gerade Klettersteiggeher die häufigsten Gäste. Aber auch Wanderer finden über das Val Setus ihren Weg zur Hütte. Dieser ist teilweise ausgesetzt, mit Drahtseilen versichert und benötigt an einigen Stellen vollste Konzentration. Für den Abstieg eignet sich der Weg durch das eindrucksvolle Val Mezdi. Wer noch höher hinaus möchte, erzwingt die Cima Pisciadù, die man durch das Val de Tita und über den Bamberger Sattel erreicht. Über Geröll und einfache Felsen gelangt man schließlich zum Gipfelkreuz. ✺

HÜTTENTOUREN

TOUR 1 PIZ BOÈ
Steil bergauf führt der Weg auf das karge, weite Hochplateau und durch die zerklüftete Sella zur Boe Hütte. Einen lohnenden Abstecher stellt die Boe Spitze dar.

» 650 HM   » 4,5 km   » 3 h   » mittel

TOUR 2 GRÖDNER TAL RUNDTOUR
Die mehrtägige Tour auf dem aussichtsreichen Höhenweg über dem Grödner Tal beginnt und endet an der Talstation der Seilbahn in St. Ulrich. Man passiert insgesamt neun Hütten.

» 4.600 HM   » 62 km   » 25 h   » mittel

🇮🇹 ITALIEN | SÜDTIROL | PISCIADU HÜTTE

Ladinisch

Auf der Pisciadù Hütte wird ladinisches Essen serviert. Aber was ist ladinisch eigentlich? Zum einen ist es neben italienisch und deutsch die dritte Sprache in den Dolomiten. Die ladinische Sprache entwickelte sich aus einer Vermischung der keltischen und rätischen Sprache mit dem Lateinischen. Einst war sie die am weitesten verbreitete Sprache in den Alpen. Nach der Völkerwanderung wich sie aber zugunsten des Italienischen allmählich zurück und konnte sich nur in einigen geschützten Tälern halten. Heute ist sie in Südtirol als dritte Landessprache anerkannt. Zum anderen bezeichnet das Ladinische ganz allgemein eine Kulturart. Im Gadertal ist die Ladinische Kultur noch sehr verankert. Daher findet man auf der Pisciadù-Hütte eben auch Elemente der ladinischen Küche. Letztere hat ihre Wurzeln in traditionellen Bauernrezepten, die aus wenigen Zutaten schmackhafte Gerichte zu zaubern wussten – zum Beispiel »Turtes«, frittierte Teigtaschen, die mit Spinat oder Sauerkraut gefüllt sind.

Die ladinische Küche, welche stark mit der Region von Alta Badia verbunden ist, besteht aus einfachen, bodenständigen Gerichten.

PISCIADU HÜTTE | SÜDTIROL | ITALIEN 🇮🇹

HÜTTENBUCH

HÜTTENBUCH

Hütten-Fauna: Wilder Westen hinter der Hütt'n

Hütten sind besonders im Sommer stark frequentierte Ziele. Wildtiere findet man hier eher nur dann, wenn sie sich über Jahre hinweg an die Menschen gewöhnt haben. Dann kommen sie auch fast bis zur Hütte. Besonders zu erwähnen sind die Steinböcke um die Rüsselsheimer Hütte im Pitztal. Aber auch Murmeltiere sieht man immer wieder. Wir haben sie einmal beim Spielen an der Tierser Alpl Hütte beobachtet. Weitere Tiere, die man immer wieder an Hütten sieht, sind Gämsen. Aber nicht nur wilde Tiere sind spannend für uns. Auf vielen Hütten gibt es auch eigene Tiere, die vor allem Kinder begeistern. Egal ob Lama, Esel, Schweine, Hasen oder Ziegen. Immer wieder freut man sich über diese liebenswerten Wesen. Spannende Angebote ergeben sich dadurch, wie zum Beispiel ein Hüttentrekking mit Lamas zur Medelser Hütte.

Kurz wird man stutzig, ob die markanten Gipfel wirklich die Drei Zinnen sind, denn das Lama passt nicht wirklich in die Dolomiten-Region.

ITALIEN | VENETIEN

Die Dolomiten-Älteste

49

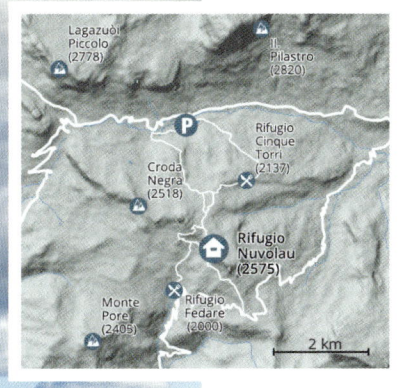

RIFUGIO NUVOLAU Auf einem schmalen Felsgipfel in den Ampezzaner Dolomiten thront seit fast 140 Jahren das Rifugio Nuvolau. Das Schutzhaus ist immer noch klein und ursprünglich, fast als wenn die Zeit die ganzen Jahre über stehengeblieben wäre. Großartig ist vor allem die Lage mit Traumblick zu Monte Antelao, Monte Pelmo und Civetta.

Früh sind wir am heutigen Morgen aufgestanden. Lange vor dem Frühstück, das es ab 7 Uhr gibt, läutete der Wecker. Viel haben wir in der Vergangenheit schon gehört vom spektakulären, in rot getauchten Sonnenaufgang auf dem Nuvolau. Heute erleben wir ihn erstmals mit eigenen Augen. Langsam geht die Sonne über dem Sorapismassiv auf und taucht den frühen Morgen und das Talbecken von Cortina d'Ampezzo in ein wunderschönes Licht. Dafür schon früh das warme Bett verlassen zu haben, hat sich mehr als gelohnt. In den Bergen sind es schließlich oft diese kleinen Momente des Einklangs mit der Natur und die Erhabenheit der Landschaft, die im Gedächtnis bleiben.

Anschließend stärken wir uns am Frühstück in der Hütte, um fit zu sein für unser nun folgendes Tagesprogramm. Gestern sind wir vom Falzaregopass herübergewandert. Ein einfacher Weg brachte uns bis zur Averauscharte. Immer wieder mussten wir uns beim Gehen umdrehen und den eindrucksvollen Hexenstein, den massigen Lagazuoi sowie die gewaltige Tofana di Rozes bewundern. An der Scharte öffnet sich der Blick zur Dolomitenkönigin, der Marmolada und zum Piz Boè. Nun queren wir unter der

← Wie ein Wunder der Natur heben sich die markanten Felsblöcke der Dolomiten aus der Erde. All das lässt sich herrlich von der Terrasse der Nuvolau Hütte aus betrachten.

297

ITALIEN | VENETIEN | RIFUGIO NUVOLAU

KURZ ERFASST

TALORT Cortina d'Ampezzo

LAGE 2.574 Meter ü.M.

OFFEN Mitte Juni bis Mitte September

ÜBERNACHTEN 16 Betten in 4 Mehrbettzimmern, 8 Matratzenlager

ESSEN einfache, traditionelle, authentische, gute italienische Küche

GUT ZU WISSEN Kurzer und einfacher Hüttenzustieg vom Sessellift. Ursprüngliche Hütte, die mit dem Nötigsten ausgestattet ist.

mächtigen Südwand des Averau bis zur Averauhütte. Wir nehmen noch den Felsklotz des Averau auf seinem Klettersteig mit und steigen dann über einfache Felsstufen hinauf zum Nuvolau mit seiner Gipfelhütte.

Am 11. August 1883 feierlich eröffnet, ist sie die älteste Dolomitenhütte. Der Bau geht auf den sächsischen Oberst Richard von Meerheimb zurück, welcher in Cortina d'Ampezzo eine schwere Lungenkrankheit auskurierte und aus diesem Grund dem ortsansässigen Alpenverein einen Beitrag zum Bau einer Schutzhütte spendete. Die Erbauer wählten den schönen Platz auf dem Nuvolau aus. Zum Dank an den Spender bekam die Hütte zu Beginn auch den Namen Sachsendankhütte. Heute gehört sie der Sektion Cortina des Club Alpino Italiano und wird seit über 30 Jahren von der Familie Siorpaes bewirtschaftet. Dabei folgt man alten Bräuchen, und so bleibt das Erlebnis auf der Hütte authentisch und ursprünglich.

Da es auf dem Gipfel des Berges kein Wasser gibt, muss es mit der Schwebebahn von der

RIFUGIO NUVOLAU | VENETIEN | ITALIEN

HÜTTENTOUREN

TOUR 1 CINQUE TORRI
Die Rundwanderung führt rund um das Dolomitengebiet der Cinque Torri, also der fünf Türme, welche bei Sportkletterern weltweit bekannt sind. Die Wanderung vom Parkplatz des Sesselliftes zu den bizarren Felsen ist auch gut als Familienwanderung machbar.
» 760 HM   » 11 km   » 6 h   » leicht

TOUR 2 MONTE PORE
Der abgelegene, pyramidenförmige Gipfel, die zur Averau-Nuvolau Gruppe gehört, weist keine Felswände auf, sondern ist auf allen vier Seiten grasig, manchmal auch geröllig-steinig. Der Monte Pore ist von der Straße des Giaupass leicht zu erreichen. Auch im Winter eine schöne Skitour.
» 210 HM   » 5 km   » 2 h   » mittel

Cinque Torri Hütte hinauf transportiert werden. Deshalb darf man hier oben in der kleinen Hütte auch keine Dusche erwarten. Lieber genießt man die Ursprünglichkeit und eben die schönen Sonnenaufgänge. Auch die Hüttenküche ist ein Pluspunkt des Rifugio Nuvolau. Besonders die Sachertorte ist inmitten all der Einfachkeit und dem traditionellen Flair ein unerwarteter Genuss. Es empfiehlt sich unbedingt einen Schlafplatz im Voraus zu reservieren, denn die Zimmer – allesamt ausgestattet mit einem Premiumblick auf Cortina, den Giau Pass und die Marmolata – sind schnell ausgebucht.

Vom Frühstück gut gestärkt, begeben wir uns zum Klettersteig Ra Gusela. Gleich nach der Hütte wartet die erste wackelige Leiter auf uns. Nach einem schönen Plateau folgt der nächste steile Abschnitt, welchen wir mit entsprechender Vorsicht abklettern. Schließlich führt ein langer Weg bis zur Bergstation des Cinque Torri Liftes, um welchen sich wild durcheinander gewürfelte Felsklötze scharen, die das Herz von Kletterern höher schlagen lassen.

Seit den Anfängen des Alpinismus ist die Rifugio Nuvolau für ihr atemraubendes Panorama bekannt, das sich vor ihrem Logenplatz auf dem Nuvolaugipfel erstreckt.

ITALIEN | VENETIEN | RIFUGIO NUVOLAU

» Ein Meer an Gipfeln erstreckt sich vor uns, unmöglich einen herauszugreifen und gesondert zu beschreiben. Nur ein Fotoapparat könnte unsere Eindrücke festhalten «

Dieses Zitat stammt von Paul Grohmann aus dem Jahr 1897 zu seinem Werk »Wanderungen in den Dolomiten«.

RIFUGIO NUVOLAU | VENETIEN | ITALIEN

ITALIEN | SÜDTIROL

Die Herzliche

50

Eingebettet in die Bergspitzen der Sextner Dolomiten fühlt man sich auf der kleinen Büllelejochhütte dem Himmel näher als der Erde.

BÜLLELEJOCHHÜTTE Die größte steinerne Sonnenuhr auf der ganzen Welt befindet sich in den Dolomiten. Erschaffen hat sie Mutter Natur: Wandert die Sonne im Tagesverlauf die Dolomitengipfel Neuner, Zehner, Elfer, Zwölfer und Einser entlang, lässt sich im Verhältnis zu den benachbarten Gipfeln die Zeit bestimmen. Aber nur, wenn man sich im Örtchen Sexten aufhält. In gut vier Stunden steigt man von hier zur Büllelejochhütte auf. Ihre Lage zwischen Zwölfer und Einser lässt sie dem Himmel fast näher scheinen als der Erde.

In klaren Nächten funkeln die Sterne berauschend schön am Himmel über den Sextener Dolomiten. Eine ruhevolle Stille liegt dann über der kleinsten Schutzhütte im Naturpark Drei Zinnen, die man in der betriebsamen Hektik des Tages niemals vermutet hätte. Eine Nacht in so einer Umgebung zu verbringen, fühlt sich an wie ein Ausflug in eine andere Welt. Es scheint, als wäre tatsächlich etwas dran an der Sache mit der Nähe zum Himmel.

Die Büllelejochhütte liegt gut zu erreichen am Fuß der Oberbachernspitze. Kein Wunder also, dass auf der ausladenden Sonnenterrasse der Hütte tagsüber reges Treiben herrscht. Nicht nur der Blick aufs traumhafte Alpenpanorama lockt vom Tal auf den Berg, die Hütte ist bester Ausgangspunkt für zahlreiche Touren auf unterschiedlichstem Niveau. Ob sportliches

ITALIEN | SÜDTIROL | BÜLLELEJOCHHÜTTE

Alpinklettern, spektakuläre Klettersteigbegehungen oder entspannte Wanderungen vor der einmaligen Kulisse von Großvenediger, Großglockner und Co. – geboten wird für jeden Geschmack etwas.

In den Sommermonaten gelingt dem Wirtsehepaar Greti und Hubert Rogger der Spagat zwischen umsatzstarkem Bergtourismus und entschleunigender Naturerfahrung. Seit 1979 erfüllen sie die gemütliche Büllelejochhütte mit familiärer Herzlichkeit, die jeden sofort umfängt, der hierherkommt. Inzwischen hat sich die Bewirtschaftung zum Familienbetrieb ausgeweitet, auch die Kinder nebst Familien verbringen die Sommermonate hier, um mit anzupacken. Unerschütterlicher Ruhepol bleibt Vater Hubert. Der Skilehrer aus Sexten kam hierher, um zu bleiben. Früher schleppte er während der Saison zweimal am Tag 40 Kilogramm schwere Rucksäcke mit Lebensmitteln über den schmalen Bergweg zur Hütte. Heute erledigt er diese Aufgabe mit einem kleinen Traktor, auch um seinen

KURZ ERFASST

TALORT Moos/Sexten

LAGE 2.528 Meter ü.M.

OFFEN Juni bis Oktober

ÜBERNACHTEN 15 Matratzenlager

ESSEN Halbpensionsgästen stehen Tiroler Kost und italienische Küche zur Auswahl, dazu ein reichhaltiges Salatbuffet. Tageskarte mit warmen Gerichten. Morgens Frühstücksbuffet.

GUT ZU WISSEN Kein Handyempfang, nur Barzahlung, keine Dusche und allgemein wenig verfügbares Wasser.

BÜLLELEJOCHHÜTTE | SÜDTIROL | ITALIEN

Im wolkenverhangenen Nationalpark Drei Zinnen weist ein Schild in die richtige Richtung.

Leicht karamellisiert schmeckt das »süße Omlett«, wie Kaiserschmarrn in Italien wörtlich übersetzt heißt, auf der Büllelejochhütte besonders gut. (oben)
Auf dem Weg zur Hütte passieren Wanderer eine karge Felslandschaft. (unten)

Gästen ein reichhaltigeres Speisenangebot bieten zu können. Gekocht wird sowohl traditionell tirolerisch, als auch italienisch. Morgens kann man sich dank des Frühstücksbuffets neue Energie für den Tag holen.

Die besonderen Momente warten, wenn die Tagestouristen bereits den Heimweg angetreten haben und die Sonne langsam hinter den hohen Berggipfeln verschwindet. In ihre kleine Felskuhle geschmiegt, wartet die Büllelejochhütte auf das, was die Nacht bringen wird. Nicht selten entladen sich heftige Sommergewitter in dieser Region, begleitet von sintflutartigen Regenfällen. Wer hier oben zu Hause ist, lässt sich davon nicht aus der Ruhe bringen. Seltene und endemische Pflanzen wie das Dolomiten-Fingerkraut, die Gelbe Scharfgarbe, Krokusse und Glockenblumen freuen sich über die Feuchtigkeit. Murmeltiere und Rehe, Schwarzspechte und Steinadler ziehen sich in ihre Schutzräume zurück und warten, bis es wieder aufklart und die Sterne wieder zu funkeln beginnen.

HÜTTENTOUREN

TOUR 1 OBERNACHERNSPITZE
Von der Büllelejochhütte ist es über den Weg 101A nur ein Katzensprung auf die Mittlere Oberbachernspitze, perfekt für eine Sonnenuntergangs- oder -aufgangstour
» 147 HM   » 700 m   » 0,75 h   » leicht

TOUR 2 DREI-ZINNEN-HÜTTE
Entweder wandert man direkt zur Hütte (Angaben unten), oder man wählt den Weg über den Paternsattel und die Lavaredohütte.
» 308 HM   » 3,1 km   » 1,5 h   » mittel

TOUR 3   DREI-ZINNEN-RUNDE
Die fantastische 4-Tages-Rundtour beginnt und endet am Parkplatz Fischleinboden und führt um die wohl bekanntesten Dolomitengipfel.
» 1.550 HM   » 26 km   » 11 h   » mittel

■ ITALIEN | SÜDTIROL | BÜLLELEJOCHHÜTTE

Auf Kriegswegen

Bis heute wird rund um die Büllelejochhütte die Vergangenheit lebendig. Nicht nur Unterstände, Weganlagen und Schützengräben erzählen als stumme Zeitzeugen aus dem Ersten Weltkrieg, als die 600-Kilometer-Front des Gebirgskrieges zwischen Österreich-Ungarn und Italien in der Region zwischen Paternkofel und den Drei Zinnen verlief. Auch die sogenannten Alpini, italienische Gebirgstruppen, hinterließen beim Transport von Geschützen und Kriegsmaterial mittels Seilbahnen ihre Spuren im Gelände. Der Weg 104, der einst als Transportstrecke diente, ist heute Wanderweg in Richtung Hüttenerlebnis.

Die Schwarz-weiß-Fotografie vom 5. September 1915 zeigt ein in den Dolomiten gelegenes Lager der italienischen Alpini-Truppen auf 2.500 Metern.

BÜLLELEJOCHHÜTTE | SÜDTIROL | ITALIEN

 SLOWENIEN

Slowenien teilt mit Liechtenstein eine Tatsache: Beide werden oft vergessen, wenn man von den Alpenländern spricht. Dabei ist besonders die Region des Triglav Nationalparks ein Paradies für Wanderer und Kletterer. Von Seen durchzogen und mit saftig grüner Vegetation bewachsen, zeigt sich die Landschaft von einer ursprünglichen und dabei doch sanften Seite.

Die Wanderwege Sloweniens sind meistens vorbildlich ausgeschildert, man muss sich bloß daran gewöhnen, dank der vielen besonderen Buchstaben vielleicht nicht immer alles richtig aussprechen zu können. Darüber sehen die Hüttenwirte gern hinweg. Gastfreundschaft wird hier groß geschrieben und Wanderer meist mit kräftigen, traditionellen Speisen für den Aufstieg belohnt. Wer die Alpen also von einer neuen Seite kennenlernen möchte, sollte Slowenien als nächstes Ziel auf seine Bucketlist setzen.

Bestrebungen, die Region um Triglav und Mangart zu schützen, gab es schon seit Beginn des 20. Jahrhunderts. Heute ist der Triglav-Nationalpark eines der Aushängeschilder des Landes.

SLOWENIEN | GORENJSKA

Die Seenhütte

KOČA PRI TRIGLAVSKIH JEZERIH

Im slowenischen Triglav Nationalpark, einem der ältesten und zugleich beeindruckendsten Parks in ganz Europa, finden begeisterte Naturliebhaber und Wanderfreunde ein wahres Paradies. Eine der schönsten Wanderungen führt tasächlich nicht auf den mächtigen Trivglav, sondern hinein in das idyllische Tal der Sieben Seen, in der die Koča pri Triglavskih jezerih Hütte ihren wundervollen Platz gefunden hat.

Obwohl wir es bis zum Gipfel des Triglav, dem mit 2.864 Metern Höhe höchsten Punkt Sloweniens, geschafft haben, bleibt uns seine Besteigung nicht so nachhaltig in Erinnerung, wie all das, was danach noch kam. Dass der Berg für die Slowenen eine Art Heiligtum darstellt, dürfte einem spätestens beim Anblick der Menschenmassen, die regelrecht zum Gipfel pilgern, klar werden, und so verwundert es nicht, dass es am Grat manchmal sogar zu Staus kommt.

Nachhaltig in Erinnerung geblieben ist uns jedoch das malerische Tal der Sieben Seen, welches nach den Seen benannt ist, die während der Sommermonate nicht austrocknen. Weil sich die meisten Besucher des Triglav Nationalparks lieber auf die Spuren des sagenumwobenen Namensgebers machen, haben wir das Schattenreich im Süden des Triglav für uns allein. Die großartige Sieben-Seen-Tour, die in Stara Fužina am Bohinj-See startet und über die Voje-Almen hinein in eine Kulisse aus Latschenkiefern, Felsblöcken,

Die türkisfarbenen Seen, von denen die Hütte umgeben ist, laden vor allem nach einer sonnigen Wanderung dazu ein, die müden Füße im klaren Wasser zu erfrischen.

SLOWENIEN | GORENJSKA | KOCA PRI TRIGLAVSKIH JEZERIH HÜTTE

Bergblumen und Gämsen führt, bringt uns zu unserem Ziel, der Koca pri Triglavskih jezerih Hütte.

Wir haben bereits viel von dieser Hütte, die schon im 19. Jahrhundert von einem österreichischen Wanderverein erbaut wurde, gelesen. In vielen Tourenvorschlägen zum Triglavgebiet wird die Wanderung als besonders lohnend beschrieben. Und die Autoren versprechen nicht zu viel: Langsam weicht der graue Fels, und das saftige Grün gewinnt Oberhand. Eine wahre Wohltat für unsere Augen. Am Doppelsee gelegen, finden wir um die Hütte eine üppige Flora und bewundern Türkenbundlilie, Gelben Enzian und vieles mehr. Eine besondere Pflanze hier im Nationalpark ist das Dolomiten-Fingerkraut, auch Triglav-Rose genannt, das ausschließlich in den Südalpen wächst.

Die Hütte selbst ist ein gemütlicher Ort. Hier lässt sich herrlich die Sonne genießen –

KURZ ERFASST

TALORT Ukanc

LAGE 1.685 Meter ü.M.

OFFEN nur im Sommer geöffnet von Mitte Juni bis Ende September

ÜBERNACHTEN 5 Doppelzimmer, 20 Matratzenlager

ESSEN einfache Gerichte mit Spezialitäten aus der slowenischen Küche

GUT ZU WISSEN Bei Regen sollte man den direkten Anstieg zur Hütte meiden und stattdessen eine Umgehung wählen, welche zwar deutlich länger ist, aber dafür weniger matschig und rutschig.

KOCA PRI TRIGLAVSKIH JEZERIH HÜTTE | GORENJSKA | SLOWENIEN

Nicht immer herrscht in den Bergen strahlender Sonnenschein. Das Wetter sollte man stets im Blick haben, schließlich ist man nicht ganz so geschickt beim Kraxeln wie die Gämsen.

Beim Wandern lohnt es sich, zurückzublicken auf die malerisch zwischen den Seen liegende Hütte.

wenn sie denn scheint. Der Blick schweift dabei zwar nicht weit über die Landschaft, schließlich befindet man sich nicht auf einem Gipfel, aber dafür ist die Hütte flankiert von naturschönen Nadelwäldern. Die Aussicht auf die beiden Seen, zwischen denen die Hütte errichtet wurde, ist mindestens so schön wie der Blick von einem Gipfel herab. Die Gastfreundschaft des Hüttenteams ist erfrischend, ebenso wie die Möglichkeit, kostenlos Trinkwasser in die eigene Flasche abzufüllen. In anderen Hütten vermisst man diesen Service manchmal. Auch mit einem kühlen Bier kann man sich hier von den Strapazen des Aufstiegs erholen. Mit rund 200 Schlafplätzen ist die Hütte jedoch auch vergleichsweise groß.

Fest steht: Wir möchten wiederkommen und den Nationalpark weiter erkunden.

HÜTTENTOUREN

TOUR 1 VIA ALPINA
Auf dem Roten Weg wandert man zum Štapce Sattel über eine idyllische, von Almhütten gesprenkelte Hochebene auf den Pršivec und erreicht die Koča na Doliču pod Triglavom.
» 646 HM   » 7,6 km   » 3 h   » mittel

TOUR 2 JULIUS-KUGY-DREILÄNDERWEG
Auf dem Weg lässt sich die Berglandschaft Sloweniens gut erkunden. Eindrucksvoll sind beispielsweise die Durchquerung der Planina Na polju und die Aussicht vom Krn.
» 1.300 HM   » 19,6 km   » 8 h   » mittel

HÜTTENBUCH

HÜTTENBUCH

Hüttenwirt*in: Wie wird man eine*r? Und wenn, was dann?

Es gibt einige Hütten in den Ostalpen, die seit Jahrzehnten in Familienhand sind. So wird beispielsweise die Düsseldorfer Hütte von der Familie Reinstadler bewirtschaftet, auf der Nürnberger Hütte hat Familie Siller das Sagen und auf der Franz-Senn-Hütte die Fankhausers. Meistens arbeitet man einige Jahre auf verschiedenen Hütten, bis man sich an die erste eigene traut. So war der Weg von Corina, der Wirtin der Gamshütte. Es gibt aber auch Ausnahmen von diesen Wegen. Manchmal entscheidet man sich einfach, auszusteigen, seinen Beruf an den Nagel zu hängen und Hüttenwirt*in zu werden. Die Gufferthütte wurde für lange Zeit von einem dieser Aussteigerpaare geführt, mit großem Erfolg. In der Schweiz wird man durch einen offiziellen Hüttenwartskurs des SAC auf die neue Aufgabe vorbereitet. Dann kann eigentlich nichts mehr schiefgehen.

Die Zubereitung des Essens ist eine wichtige Aufgabe, die gute Planung bedarf, denn falls etwas ausgeht, ist der nächste Supermarkt nicht gerade um die Ecke.

SLOWENIEN | GORENJSKA

52

Die Ursprüngliche

ČEŠKA KOČA Seit über 120 Jahren steht die Češka Koča unterhalb des Grintovec, dem höchsten Gipfel der Steiner Alpen. Obwohl sie seit ihrer Eröffnung mehrmals renoviert wurde, hat sie ihren ursprünglichen Charme nie verloren.

Eingeweiht am 26. Juni 1900, gilt die Češka Koča – zu Deutsch Tschechische Hütte – als älteste Berghütte Sloweniens. Erbaut wurde sie von der Tschechischen Zweigstelle des Slowenischen Alpenvereins, der sie ihren Namen verdankt.

Vom Campingplatz bei Jezersko wandern wir auf der Straße durch das Ravenska Tal bis zur Materialseilbahn der Hütte. Von hier bringt uns ein Wanderweg hinauf zur Češka Koča, die in dieser Form bereits seit über 120 Jahren an ihrem herrlichen Platz auf dem ovalen Kar der Spodnja Raven steht. Wir haben uns für den Wanderweg entschieden, es gibt inzwischen aber auch einen sehr schweren Klettersteig als Anstiegsvariante.

Anders als zur Zeit ihrer Errichtung hat die kleine Hütte heute einen Stromanschluss. Zudem befinden sich im Untergeschoss moderne Waschräume und sogar eine Dusche. Äußerlich hat sich die Hütte bisher aber kaum verändert. Es ist immer noch eine schnuckelige, gemütliche und sehr ursprüngliche Hütte, die einem böhmischen Bauernhaus ähnelt. Ihre Lage am Hang bringt mit sich, dass man einen wunderbaren Blick hinab ins Tal Ravenska Kočna hat. Aber auch auf Baba und Rinka ist die Panoramasicht eindrucksvoll.

Die Steiner Alpen sind eine kleine Gebirgsgruppe im nördlichen Slowenien nahe der

← Nicht nur zweibeinige Gäste fühlen sich auf dem Gelände der Češka Koča wohl, auch Schafe erfreuen sich an dem saftigen Grün rund um die Hütte.

SLOWENIEN | GORENJSKA | ČEŠKA KOČA

österreichischen Grenze. Das Gebiet ist äußerst vielseitig und lockt mit spannenden Klettersteigen. So haben wir uns für den nächsten Tag die Überschreitung des Grintovec, des höchsten Gipfels der Gruppe, vorgenommen. Von der Hütte aus starten wir in südlicher Richtung in ein Kar, welches bald in einem steilen Felshang mündet. Ziemlich ausgesetzt kraxeln wir durch die schattige Nordflanke aufwärts, wobei die schwierigsten Stellen mit Stahlseilen und Stiften versehen sind. Ein Steig bringt uns hinauf zum Grat zwischen Kočna und Grintovec und nach der Scharte Dolskra skrbina folgt der Anstieg zur Grintovec. Auch hier sind die steilsten Stellen wieder versichert. Mit unserer Bergerfahrung überwinden wir diese aber ohne besondere Probleme und stehen bald am höchsten Punkt der Steiner Alpen. Wir genießen die umfassende Rundumsicht von diesem großartigen Gipfel.

KURZ ERFASST

TALORT Jezersko

LAGE 1.542 Meter ü.M.

OFFEN Mai bis Mitte Juni am Wochenende und Mitte Juni bis Ende September

ÜBERNACHTEN 33 Betten in Mehrbettzimmern, 20 Matratzenlager, Winterraum mit 6 Lagern

ESSEN köstliches, traditionelles Essen, besonders das Frühstück ist empfehlenswert

GUT ZU WISSEN Der Zustieg zur Hütte ist auch über einen anspruchsvollen Klettersteig möglich.

CEŠKA KOČA | GORENJSKA | SLOWENIEN

Die Wege sind gut ausgeschildert, sodass eine Orientierung beim Wandern nicht schwer fallen wird.

Gämse, Edelweis und Alpen-Hahnenfuß kann man mit etwas Aufmerksamkeit am Wegesrand entdecken.

Und weil wir immer noch nicht genug hatten, entscheiden wir uns dazu, auch noch den Gipfel der Skuta zu erklimmen, der nur 36 Meter niedriger ist als die Grintovec. Oben angelangt, rasten wir noch einmal in der Sonne, bevor es bald in die schattige Nordseite geht.

Abends, sobald die Sonne dann untergegangen ist, wirkt die Landschaft etwas ungemütlich, und wir sind froh, schließlich wieder an der Hütte anzukommen. Wir haben für unseren Ausflug in die Steiner Alpen drei Tage reserviert, sodass wir ganz entspannt noch einmal in der Hütte nächtigen werden. Am Abend verwöhnt uns der Hüttenwirt mit köstlicher slowenischer Küche. Gulaschsuppe und Co. sorgen schnell dafür, dass die Anstrengungen des Tages vergessen sind. Und das Team gibt ebenso sein Bestes geben, um den Aufenthalt so angenehm wie möglich zu machen. Nicht zuletzt durch seine freundliche Art und dem Talent zur Organisation. So können wir gut gelaunt unsere großartige Überschreitung noch einmal Revue passieren lassen und freuen uns auf die bequemen Betten.

HÜTTENTOUREN

TOUR 1 JULIUS-KUGY-DREILÄNDERWEG
Die sechste Etappe des Rundweges führt an der Hütte vorbei. Startpunkt ist Kamniška koča, Etappenziel Zgornje Jezersko. Der alte Weg ist mittlerweile gesperrt und durch den »Slovenska Pot« ersetzt worden.
» 810 HM   » 12,3 km   » 7,5 h   » schwer

TOUR 2 VIA FERATA ČESCKA KOČA
Ein lohnenswerter neuer Klettersteig fordert die Armkraft heraus! Vom gut gesicherten Steig sind es rund zwei Minuten zur Hütte.
» 320 HM   » 980 m   » 1 h   » schwer

TOUR 3 GRINTOVEC
Die Hütte bietet den idealen Ausgangspunkt für die Tour auf den Grintovec durch den Bergkessel Ravni Kar und den Mlinarsko sedlo.
» 930 HM   » 3 km   » 3 h   » schwer

SLOWENIEN | GORENJSKA | CEŠKA KOČA

Bergsteigerdörfer

Die Initiative Bergsteigerdörfer der Alpenvereine zeichnet ursprüngliche Bergdörfer aus, bei denen Berge und das Bergsteigen zum kulturellen Selbstverständnis gehören. Es sind Orte, die zum Genießen und Verweilen einladen und für eine nachhaltige Entwicklung im Alpenraum stehen. Jezersko, der Ausgangspunkt zur Ceška Koca, war das erste Bergsteigerdorf in Slowenien. Kultureller Höhepunkt sind viele Gehöfte aus dem 16. Jahrhundert, die im Dorf noch erhalten sind.

→ Vom Berg Krn blickt man auf eine saftig grüne Landschaft aus Wiesen und Wäldern und die einzelnen Häuser eines kleinen Dorfs im Triglav Nationalpark.

CEŠKA KOČA | GORENJSKA | SLOWENIEN

HÜTTEN MIT CHARAKTER

In den Alpen leben wieder große Rudel der eindrucksvollen Tiere. Steinböcke waren Mitte des 19. Jahrhunderts in Bayern gänzlich verschwunden, wurden aber erfolgreich erneut angesiedelt.

HÜTTEN MIT CHARAKTER

REGISTER

A
Adlerweg 121
Aiguille de Bionnassay 31
Aiguille du Goûter 31
Aiguille du Moine 39
Aiguille du Plan 35
Ailefroide 18
All'Acqua 76
Alpenmurmeltier 212
Alta Badia 290
Anton-Karg-Haus 215
Aperer Turm 187
Appenzell 92ff.
Auberge du Truc 23
Auvergne-Rhône-Alpes 22ff.

B
Bad Reichenhall 136
Bärentrek 59
Bayern 108ff.
Bayerwald bei Kreuth 130
Becherhaus 255
Bedretto 76
Berggasthaus Schäfler 93
Bergsteigerdörfer 320
Berliner Hütte
Bern 46ff., 68ff.
Bewirtschaftung 12
Bezahlung 11
Birgsau 108
Biwak 265
Blinnenhorn 77
Blüemlisalphütte 57
Bordierhütte 65
Botzer 255
Brandenburger Haus 155
Bremer Hütte 191
Brixner Hütte 283
Buchstein 131
Büllelejochhütte 303

C
Češka koča 317
Capanna Corno Gries 75
Capanna Regina Margherita 244
Chamonix 34
Chamonix-Mont-Blanc 38
Cinque Torri 299
Coburger Hütte 171
Cortina d'Ampezzo 298
Cresta della Croce 235

D
Dakota C-53 72
Dauphinegruppe 17ff.
Deutschland 104ff.
Doldenhorn 49, 53
Doldenhornhütte 47
Drei-Zinnen-Hütte 305
Drei-Zinnen-Runde 305
Durnholz 260
Durnholzer See 260
Düsseldorfer Hütte 239

E
Ehrwald 172
Ernst-Riml-Spitze 177
Erzherzog-Johann-Hütte 227
Eschenlohe 118
Ewigschneehoren 71

Falkenhütte 193
Fanatkogel 221
Fane 266
Farchant 118
Fauna 295
Feichten im Kaunertal 156
Finkenberg 200
Firmisanschneide 169
Flaggerschartenhütte 259
Frankreich 14ff.
Franz-Senn-Hütte 185
Friesenberghaus 201
Fründenhorn 53
Fründenhütte 51, 59
Fürstin-Gina-Weg 103

G
Gamshütte 199
Gamsjoch 195
Gardeccia (Trient) 274
Garmisch-Partenkirchen 112, 118
Gartlhütte 273
Gaulihütte 69

Ginzling 206, 210
Glocknerrunde 227
Gorenjska 310ff.
Gorezmettlenbach 82
Grasleiten-Umrundung 281
Graubünden 86ff.
Greizer Hütte 209
Gries im Sulztal 176
Grieshorn 77
Grinbergspitzen 201
Grintovec 319
Grödner Tal Rundtour 291
Großer Löffler 211
Großer Mörchner 207
Großglockner 221, 228
Gufferthütte 131
Gumpenkar 125
Gurtnellen Dorf 83

H
Hangendgletscherhorn 71
Heiligenblut 226
Heuberg Panoramaweg 53
Hintereisspitzen 157
Hinterer Spiegelkogel 169
Hinterer Tajakopf 173
Hinteres Schöneck 241
Hinterriß 194
Hochlandhütte 125
Hochwanner 113
Hohe Geige 163
Hoher Angelus 241
Hufeisentour 261
Hütten-Knigge 203
Hüttenbuch 12
Hüttenwirt 315

I
Iceparade 256
Innere Sommerwand 187
Innertkirchen 70
Italien 230ff.

J
Jakobsspitze 261
Jegertosse 49
Jezersko 318
Julius-Kugy-Dreiländerweg 313, 319

K
Kaiser-Franz-Josefs-Höhe 226
Kaiserschützensteig 217
Kals am Großglockner 220, 226
Kaltenberghütte 149
Kandersteg 48, 52, 58
Kärnten 224ff.
Karwendeltour 195
Kasseler Hütte 211
Kaltenberghütte 149
Kesselkogel 275
Kesselwandspitze 157
Klais 118
Kleinbärenzinne 163
Kleines Seehorn 145
Kleinlitzner 145
Koča pri Triglavskih Jezerih 311
Kolfuschg 290
König Laurin 276
Konstanzer Hütte 151
Krachelspitze 151
Krapfenkar 125
Kreuzeckhaus 113
Kronenwanderung 89
Krottenkopf 119
Krün 118, 124
Kufstein 216
Kuhfluchtwasserfälle 119

L
La Nonne 39
Ladinisch 292
Lago di Luzzone 89
Langen 150
Langtalereckhütte 169
Lenggrieser Hütte 131
Lenzspitze 65
Liechtenstein 98
Lobbia Alta 235
Losenheim 260

M
Mädelegabel 109
Mahnkopf 195
Mairspitze 191
Malbun 102
Mankei 212
Martell 248
Maximilian Klettersteig 281
Mer de Glace 39
Mischabelhütte 63, 65
Mittelstaufen 137
Mittewald 260
Mont Blanc 25, 31, 35
Mont Pelvoux 19
Monte Cevedale 249
Monte Pore 299
Monte-Rosa-Hütte 43
Moos 304
Müllerhütte 253
Murmele Klettersteig 249

N
Nadelhorn 65
Neustift im Stubaital 186
Nürnberger Hütte 189

O
Oberau 118
Oberbärgli 49
Obergurgl im Ötztal 168
Obernachernspitze 305
Öhrlikopf 95
Österreich 140ff.
Ötzi 178

P
Packliste 13
Partenen 144
Payer, Julius 242
Pfälzerhütte 101
Pfunderer Höhenweg 285
Piding 136
Pisciadu Hütte 289
Piz Boè 291
Piz Vial 89
Plangeross 162
Plattkofelhütte 281
Plima Schluchtweg 249
Provence-Alpes-Côte d'Azur 16ff.
Puchberg 260

R
Ramolhaus 167
Ranalt 190

Das Alpen Edelweiß ist nicht nur bekannt, sondern vor allem sehr symbolträchtig. Es verkörpert die Alpenregionen und dient dort als wichtiges Symbol.

Rappenseehütte 109
Rauhekopfhütte 157
Refuge de la Balme 25
Refuge de Tête Rousse 29
Refuge des Cosmiques 33
Refuge du Couvercle 37
Refuge du Pelvoux 17
Reichenhaller Haus 135
Reintalangerhütte 111
Reservierung 11
Ridnaun-Maiern 254
Rifugio Lobbia Alta 233
Rifugio Mandrone 235
Rifugio Nino Corsi 247
Rifugio Nuvolau 297
Rüsselsheimer Hütte 161

S

Saarbrücker Hütte 143
Saas Fee 64
Saint-Gervais-les-Bains 24, 30
Salmhütte 225
Santnerpasssteig 275
Schachtkopf 173
Schalfkogel 169
Scheiblehnkogel 183
Schere 221
Schlernhaus 267
Schönau Passeier 254
Schönbichler Horn 207
Schöttelkarspitze 125
Schweiz 44ff.
Seealpsee 95
Seis am Schlern 280
Seiser Alm 269
Sellrainer Hüttenrunde 177
Sewenhütte 81
Sexten 304
Siegerlandhütte 181
Slowenien 308ff.
Soiernhaus 123
Sölden im Ötztal 182
Sonklarspitze 183
Sonneck 217
Sonnenspitzrunde 173
Spezialitäten 165
St. Christoph 150
Stabelerturm 275
Stornierung 11
Stripsenjochhaus 217
Stubaier Höhenweg 191
Stuben am Arlberg 150
Stüdlhütte 219
Südtirol 238, 302ff.
Sulden 240
Sulzenau Hütte 191
Sumvitg 88
Sustlihütte 83

T

Tagewaldhorn 261
Tegernseer Hütte 129
Terrihütte 87
Tessin 74ff.
Tierser Alplhütte 279
Tirol 154ff.
Tiroler Höhenweg 121
Tour du Mont Blanc 25
Transalp 121
Trettachspitze 109
Trient 232ff.
Triesenberg 100ff.
Tschafonhütte 269
Tschenglser Hochwand 241
Tübinger Hütte 145

U

Ukanc 312
Uri 80ff.

V

Val di Genova 234
Vals 284
Venetien 296ff.
Vent im Ötztal 156
Verwall-Runde 151
Via Alpina 103, 121, 313
Via Ferata Česka koča 319
Via Weißbier 132
Vier-Quellen-Weg 77
Völs am Schlern 268
Vorarlberg 142ff.
Vordere Sommerwand 187

W

Walgau 118
Wallis 64ff.
Waltenbergerhaus 107
Wankhaus 119
Wasserauen 94
Wasserfallweg 71
Weilheimer Hütte 117
Weißmaurachsee 163
Welschnofen (Südtirol) 274
Wiener Höhenweg 227
Wilde Kreuzspitze 285
Wilder See 285
Wildli Frau 59
Windachtal Hüttentour 183
Winnebachseehütte 175

Z

Zsigmondyspitze 207
Zuckerhütl 255
Zufallhütte 247
Zugspitze 113
Zwergenweg 83
Zwieselalm 137

HÜTTEN MIT CHARAKTER

Die Aussicht vom Berggipfel macht den anstrengenden Aufstieg auf jeden Fall wett.

BILDNACHWEIS/IMPRESSUM

A = Alamy; C = Corbis; G = Getty; M = Mauritius Images

Cover: Vorderseite: Look/Bernard van Dierendonck; Rückseite: Getty/Westend61
S. 002 Diego Gaspari Bandion ; S. 004 G/Glenn Pettersen; S. 009 G/Uwe Umstätter; S. 010 Look/Christoph Jorda; S. 013 Look/Bernard van Dierendonck ; S. 013 Look/Andreas Strau; S. 014-015 G/Mario Colonel; S. 016-017 Mathieu Jaudon; S. 018-019 Look/Andreas Strau; S. 019 G/Alun Richardson; S. 020-021 M/David Pickford; S. 022-023 M/Alamy; S. 024-025 Look/Tobias Richter; S. 026-027 G/Buena Vista Images; S. 028-029 M/Stefan Auth; S. 030 M/Alamy; S. 031 M/Alamy; S. 032-033 M/Alamy; S. 034 M/Alamy; S. 035 M/Bernd Ritschel; S. 036-037 M/Jean-François Hagenmuller ; S. 038 M/Moritz Wolf; S. 038-039 Look/ClickAlps; S. 042-043 Look/Bernard van Dierendonck ; S. 044-045 C/Michele Falzone; S. 046-047 A/GFC Collection ; S. 048 M/AIC; S. 048 G/Fredy Jeanrenaud ; S. 049 G/Cdbr Photography; S. 050-051 A/GFC Collection ; S. 052 Look/Daniel Schoenen; S. 052 Look/Iris Ker; S. 053 Look/Daniel Schoenen; S. 054-055 Look/Christoph Jorda; S. 056-057 M/Marcel Gross; S. 058 M/ImageBroker; S. 058-059 Look/Iris Ker; S. 059 Look/Iris Ker; S. 060-061 G/Stockbyte; S. 062-063 M/Alamy; S. 064 Look/Caroline Fink; S. 064-065 Look/Ralf Gantzhorn; S. 066-067 M/Alamy; S. 068-069 Look/Caroline Fink; S. 070 G/Mercedes Catalan; S. 071 A/Dukas Presseagentur ; S. 072-073 A/Dukas Presseagentur ; S. 074-075 Look/Andreas Strauß; S. 076 Look/Andreas Strauß; S. 077 M/Alamy; S. 078-079 Minbarian/Shutterstock.com; S. 080-081 Look/Bernard van Dierendonck ; S. 082 Look/Bernard van Dierendonck; S. 083 Look/Bernard van Dierendonck ; S. 084-085 Sheryl Watson/Shutterstock.com; S. 086-087 M/Armin Mathis; S. 088 M/Roland Schmid; S. 089 M/Raphael Weber; S. 090-091 M/Armin Mathis; S. 092-093 Look/ClickAlps; S. 094 Look/Daniel Schoenen; S. 095 G/Increativemedia; S. 096-097 M/Nicolas Alexander Otto; S. 098-099 G/Alexander J.E. Bradley ; S. 100-101 M/Wolfgang Berroth; S. 102 M/BY; S. 102-103 M/Busse & Yankushev; S. 104-105 M/Stefan Hefele; S. 106-107 DAV Sektion Allgäu-Immenstadt; S. 108 Look/Andreas Strauß; S. 109 Look/Andreas Strauß; S. 110-111 Look/Andreas Strauß; S. 112 Look/Jan Greune; S. 112-113 G/Seen by hotshot ; S. 114-115 M/Ludwig Mallaun; S. 116-117 M/Christa Eder; S. 118 M/Klaus Neuner; S. 118-119 M/Christa Eder; S. 120-121 G/Uwe Umstätter; S. 122-123 M/Volker Dautzenberg; S. 124 Look/Andreas Strauß; S. 125 M/Christine Braun; S. 126-127 G/Heritage Images; S. 128-129 Look/Andreas Strauß; S. 130 Look/Andreas Strauß; S. 131 M/Alamy; S. 132-133 M/ImageBroker; S. 134-135 Look/Andreas Strauß; S. 136 M/Christian Bäck; S. 136 M/Josef Kuchlbauer; S. 137 M/Hans Fürmann; S. 138-139 M/Bernd Ritschel; S. 140-141 G/Alfons Hauke; S. 142-143 M/Roland T. Frank; S. 144 G/Arto Hakola; S. 145 M/Martin Siepmann; S. 145 M/Matthias Pinn; S. 146-147 G/University of Southern California; S. 148-149 M/Busse & Yankushev; S. 150 M/Bruno Kickner; S. 150 M/Reinhard Hölzl; S. 151 M/Ludwig Mallaun; S. 152-153 M/Ludwig Mallaun; S. 154-155 A/Allan Hartley ; S. 156-157 Look/Andreas Strauß; S. 158-159 G/Dino židov; S. 160-161 M/Timm Humpfer; S. 162 M/Bernd Ritschel; S. 162 G/Gerhard Kraus; S. 163 M/Bernd Ritschel; S. 164-165 M/Alamy; S. 166-167 M/Timm Humpfer; S. 168 M/Timm Humpfer; S. 168 M/Timm Humpfer; S. 169 M/Timm Humpfer; S. 170-171 Jürgen Schranz; S. 172 Look/Andreas Strauß; S. 173 M/Alamy; S. 174-175 M/Timm Humpfer; S. 176 M/Timm Humpfer; S. 177 M/Timm Humpfer; S. 178-179 G/Kean Collection; S. 180-181 M/Bernd Ritschel; S. 182 M/Timm Humpfer; S. 183 M/Bernd Ritschel; S. 184-185 Look/Andreas Strauß; S. 186 M/Alamy; S. 186 M/Alamy; S. 187 Look/Andreas Strauß; S. 188-189 M/Bernd Ritschel; S. 190 M/Timm Humpfer; S. 191 Look/Andreas Strauß; S. 192-193 Look/Andreas Strauß; S. 194 M/Nico Hermann; S. 194-195 M/Thomas Schöpf; S. 196 Sektion Oberland des DAV e.V.; S. 196 Sektion Oberland des DAV e.V.; S. 197 Sektion Oberland des DAV e.V.; S. 197 Sektion Oberland des DAV e.V.; S. 198-199 Thomas Rychly; S. 200 Look/Robertharding; S. 201 M/Dan Kollmann; S. 202-203 G/Imagno; S. 204-205 A/Allan Hartley ; S. 206 A/Matthias Riedinger; S. 206 Look/Andreas Strau; S. 207 M/Moritz Wolf; S. 208-209 M/Moritz Wolf; S. 210 M/Alamy; S. 210 G/ImageBroker; S. 211 M/Alamy; S. 212-213 Look/age; S. 214-215 Look/Lukas Larsson; S. 216 Look/Lukas Larsson; S. 217 Look/Lukas Larsson; S. 218-219 M/Gerhard Wild; S. 220 Look/Hermann; S. 221 Look/Andreas Strauß; S. 222-223 G/Imagno; S. 223 Look/Andreas Strauß; S. 224-225 A/Christian Peters ; S. 226 M/Volker Preusser; S. 227 G/Dieter Meyrl; S. 228 M/Alamy; S. 229 G/Imagno; S. 230-231 G/Anita Stizzoli; S. 232-233 Look/Reinhard Dirscherl; S. 234 Look/Andreas Strauß; S. 234 Look/Andreas Strauß; S. 235 Look/Andreas Strauß; S. 236-237 G/Memento; S. 238-239 Düsseldorfer Hütte; S. 240 G/Martin Braito; S. 240 M/Guenter Fischer; S. 241 Düsseldorfer Hütte; S. 242-243 M/Alamy; S. 244-245 A/Roberto Spampinato ; S. 246-247 Picasa; S. 248 Picasa; S. 248 Picasa; S. 249 Helmuth Rier; S. 250-251 M/Robert Jank; S. 252-253 M/Martin Braito; S. 254 M/Martin Braito; S. 255 M/Martin Braito; S. 256-257 Look/Jan Greune; S. 258-259 M/Alamy; S. 260-261 Look/Andreas Strauß; S. 262-263 G/Hwo; S. 264-265 Look/Andreas Strauß; S. 266-267 Look/ClickAlps; S. 268 G/Westend61; S. 269 M/Gerhard Nixdorf; S. 270-271 Look/Lukas Larsson; S. 272-273 G/Paolo Bis; S. 274 G/Mara Brandl; S. 275 M/Massimiliano Broggi; S. 276-277 M/ClickAlps; S. 278-279 Look/ClickAlps; S. 280 M/Reinhard Hölzl; S. 280 M/Reinhard Hölzl; S. 280-281 M/Roberto Moiola; S. 282-283 Wolfgang Oberhofer; S. 284 G/Sandra Schmid; S. 285 M/ImageBroker; S. 286-287 M/Wolfgang Weinhäupl; S. 288-289 M/ClickAlps ; S. 290 M/Alamy; S. 291 M/Alamy; S. 292-293 M/Pitopia; S. 294-295 Sheryl Watson/Shutterstock.com; S. 296-297 M/Mikolaj Gospodarek; S. 298-299 Giacomo Pompanin; S. 300-301 M/Annett Schmitz; S. 302-303 M/Alamy; S. 304 A/age ; S. 304 A/age ; S. 305 A/age ; S. 306-307 G/De Agostini Picture Library; S. 308-309 M/Stefan Hefele; S. 310-311 A/ImageBroker ; S. 312 A/ImageBroker ; S. 313 G/Bosca78; S. 314-315 Look/Bernard van Dierendonck ; S. 316-317 Primož Šenk; S. 318 M/Roland T. Frank; S. 318 M/Alamy; S. 318 M/Martin Siepmann; S. 319 Drejc Karniar; S. 320-321 Look/Cavan Images; S. 322 Look/ Reinhard Hölzl; S. 325 G/Frans Schalekamp; S. 326 G/ Christoph Oberschneider / EyeEm;

Text: Katinka Holupirek, Janina Meier, Markus Meier, Annika Voigt
Redaktion: Anna Eckerl
Gestaltung: Ulrike Lang
Kartographie: © KOMPASS-Karten GmbH, Karl-Kapferer-Straße 5, A-6020 Innsbruck, unter Verwendung von Kartendaten von OpenStreetMap, Lizenz CC-BY-SA 2.0: (S. 6 - S.312)
Verlagsleitung: Grit Müller

Alle Rechte vorbehalten. Reproduktionen, Speicherung in Datenverarbeitungsanlagen, Wiedergabe auf elektronischen, fotomechanischen oder ähnlichen Wegen nur mit der ausdrücklichen Genehmigung des Copyrightinhabers. Alle Fakten wurden nach bestem Wissen und Gewissen mit der größtmöglichen Sorgfalt recherchiert. Redaktion und Verlag können jedoch für die absolute Richtigkeit und Vollständigkeit der Angaben keine Gewähr leisten. Der Verlag ist für alle Hinweise und Verbesserungsvorschläge jederzeit dankbar.

© 2021 Kunth Verlag, München
MAIRDUMONT GmbH & Co. KG, Ostfildern
St.-Cajetan-Straße 41, 81669 München
Tel. +49.89.45 80 20-0
Fax +49.89.45 80 20-21
www.kunth-verlag.de
info@kunth-verlag.de

Printed in Italy